中国古代体育

乔志霞 编著

中国商业出版社

图书在版编目（CIP）数据

中国古代体育／乔志霞编著．--北京：中国商业出版社，2015.10

ISBN 978 - 7 - 5044 - 8617 - 2

Ⅰ.①中… Ⅱ.①乔… Ⅲ.①古代体育 - 研究 - 中国 Ⅳ.①G812.92

中国版本图书馆 CIP 数据核字（2015）第 229201 号

责任编辑：刘毕林

中国商业出版社出版发行

010 - 63180647　　www. c - cbook. com

（100053 北京广安门内报国寺 1 号）

新华书店经销

三河市同力彩印有限公司印刷

*

710 毫米×1000 毫米　16 开　12.5 印张　200 千字

2015 年 11 月第 1 版　2019 年 4 月第 2 次印刷

定价：25.00 元

* * * *

（如有印装质量问题可更换）

序　言

　　中国是举世闻名的文明古国,在漫长的历史发展过程中,勤劳智慧的中国人,创造了丰富多彩、绚丽多姿的文化,可以说人创造了文化,文化创造了人。这些经过锤炼和沉淀的古代传统文化,凝聚着华夏各族人民的性格、精神、智慧,是中华民族相互认同的标志和纽带,在人类文化的百花园中摇曳生姿,展现着自己独特的风采,对人类文化的多样性发展做出了巨大贡献。中国传统民俗文化内容广博,风格独特,深深地吸引着世界人民的眼光。

　　正因如此,我们必须深入学习贯彻党的十八届三中全会精神,按照中央的要求,加强文化建设。2006 年 5 月,时任浙江省委书记的习近平同志就已提出:"文化通过传承为社会进步发挥基础作用,文化会促进或制约经济乃至整个社会的发展。"又说:"文化的力量最终可以转化为物质的力量,文化的软实力最终可以转化为经济的硬实力"。(《浙江文化研究工程成果文库总序》)2014 年他去山东考察时,又再次强调:中华民族伟大复兴,需要以中华文化发展繁荣为条件。

　　学习习近平同志的重要讲话,确可体会到,在政治、经济、军事、社会和自然要素之中,文化是协调各个要素协同发展、相关耦合的关键。正因为此,我们应该对华夏民族文化进行广阔、全面的检视。我们应该唤醒我们民族的集体记忆,复兴我们民族的伟大精神,发展和繁荣中华民族的优秀文化,为我们民族在强国之路上阔步前行创设先决条件。

实现民族文化的复兴，更必须传承中华文化的优秀传统。现代的中国人，特别是年轻人，对传统文化十分感兴趣，蕴含感情。但当下也有人对具体典籍、历史事实不甚了解。比如说，中国是书法大国，谈起书法，有些人或许只知道些书法大家如王羲之、柳公权等等的名字，知道《兰亭集序》是千古书法珍品，仅此而已。再比如说，我们都知道中国是闻名于世的瓷器大国，中国的瓷器令西方人叹为观止，中国也因此而获得了"瓷器之国"（英语 china 的另一义即为瓷器）的美誉。然而关于瓷器的由来、形制的演变、纹饰的演化、烧制等等瓷器文化的内涵，就知之甚少了。中国还是武术大国，然而国人的武术知识，或许更多地来源于一部部精彩的武侠影视作品，对于真正的武术文化，我们也难以窥其堂奥了。我国还是崇尚玉文化的国度，我们的祖先，发现了这种"温润而有光泽的美石"，并赋予了这种冰冷的自然物以鲜活的生命力和文化性格，例如"君子当温润如玉"，女子应"冰清玉洁""守身如玉"；"玉有五德"，即"仁""义""智""勇""洁"，等等。今天，熟悉这些玉文化内涵的国人，也为数不多了。

也许正有鉴于此，有忧于此，近年来，已有不少有志之士，开始了复兴中国传统文化的努力，读经热开始风靡海峡两岸，不少孩童乃至成人，开始重拾经典，在故纸旧书中品味古人的智慧，发现古文化历久弥新的魅力。电视讲坛里一波又一波对古文化的讲述，也吸引着数以万计的人们，重新审视古文化的价值。现在放在读者眼前的这套"中国传统民俗文化丛书"，也是这一努力的又一体现。我们现在确应注重研究成果的学术价值和应用价值，充分发挥其认识世界、传承文化、创新理论、咨政育人的重要作用。

中国的传统文化内容博大，体系庞杂，该如何下手，如何呈现？这套丛书处理得可谓系统性强，别具心思。编者分别按物质文化、制度文化、精神文化等方面来分门别类地进行组织编写，例如在物质文化的层面，就有中国古代纺织、中国古代酒具、中国古代农具、中国古代青铜器、中国古代钱币、中国古代石刻、中国古代木雕、中国古代建筑、中国古代砖瓦、中国古代玉器、中国古代陶器、中国古代漆器、中国古代桥梁,等等。

在精神文化的层面,就有中国古代书法、中国古代绘画、中国古代音乐、中国古代艺术、中国古代篆刻、中国古代家训、中国古代戏曲、中国古代版画,等等;在制度文化的层面,就有中国古代科举、中国古代官制、中国古代教育、中国古代军队、中国古代法律,等等。

此外,在历史的发展长河中,中国各行各业还涌现出一大批杰出的人物,至今闪耀着夺目的光辉,启迪后人,示范来者。对此,这套丛书也给予了应有的重视,中国古代名将、中国古代名相、中国古代名帝、中国古代文人、中国古代高僧,等等,就是这方面的体现。

生活在21世纪的我们,或许对古人的生活颇感好奇,他们的吃穿住用如何? 他们如何过节? 如何安排婚丧嫁娶? 如何交通? 孩子如何玩耍? 等等。这些饶有兴趣的内容,这套中国传统民俗文化丛书,都有所涉猎,例如中国古代婚姻、中国古代丧葬、中国古代节日、中国古代风俗、中国古代礼仪、中国古代饮食、中国古代交通、中国古代家具、中国古代玩具、中国古代鞋帽,等等,这些书籍介绍的,都是人们深感兴趣,平时却无从知晓的内容。

在经济生活的层面,这套丛书安排了中国古代农业、中国古代纺织、中国古代经济、中国古代贸易、中国古代水利、中国古代车马、中国古代赋税等等内容,足以勾勒出古人经济生活的主要内容,让今人得以窥见自己祖先曾经的经济生活情状。

在物质遗存方面,这套丛书则选择了中国古镇、中国古楼、中国古寺、中国古陵墓、中国古塔、中国古战场、中国古村落、中国古街、中国古代宫殿、中国古代城墙、中国古关等内容。相信读罢这些书,喜欢中国古代物质遗存的读者,已经能大致掌握这一领域的大多数知识了。

除了上述内容外,其实还有很多难以归类却饶有兴趣的内容,例如中国古代乞丐这样的社会史内容,也许有助于我们深入了解这些古代社会底层民众的真实生活情状,走出武侠小说家们加诸他们身上的虚幻不实的丐帮色彩,还原他们的本来面目,加深我们对历史真实的了解。继承和发扬中华民族几千年创造的优秀文化和民族精神是我们责无旁贷的历史责任。

　　不难看出,单就内容所涵盖的范围广度来说,有物质遗产,有非物质遗产,还有国粹。这套丛书无疑当得起"中国传统文化的百科全书"的美誉了。这套书还邀约了大批相关的专家、教授参与并指导了稿件的编写工作。应当指出的是,这套书在写作中,既钩稽、爬梳大量古代文化文献典籍,又参照近人与今人的研究成果,将宏观把握与微观考察相结合。在论述、阐释中,既注意重点突出,又着重于论证层次清晰,从多角度、多层面对文化现象与发展加以考察。这套丛书的出版,有助于我们走进古人的世界,了解他们的美好生活,去回望我们来时的路。学史使人明智,历史的回眸,有助于我们汲取古人的智慧,借历史的明灯,照亮未来的路,为我们中华民族的伟大崛起添砖加瓦。

　　是为序。

傅璇琮

2014 年 2 月 8 日

前　言

　　体育是一项存在于人类社会生活之中的社会实践活动，它从自然的存在到自为的存在，反映了人类对这项社会实践活动从不自觉到自觉的认识过程。体育活动属于一种社会文化，是根据人的社会生产和社会生活的需要而逐渐产生的，它的产生与发展也是随着社会的进化而不断完善的。体育的产生与发展是一个历史过程，具有时间性或阶段性的特点。同时，体育不是孤立地产生与发展起来的，它总是在一定民族的社会政治、经济、文化共同作用下产生与发展起来的。因此，它的发展还呈现出民族性、空间性和地域性的特点。任何社会的精神风貌和文化生活都要受到当时社会历史条件下政治、经济、文化发展等条件的制约和影响，更显示出该时代物质文明和精神文明的总体水平。娱乐体育项目的发展也是如此。中国鲜明的时代特点和社会背景更是为中国古代体育打上深深的烙印。

　　尽管中国古代体育实践具有悠久的历史和丰富多彩的内容，但在总体上还未形成一门独立的科学。由于体育实践活动总是依附或交织在其他一些社会活动中，受到中国古代传统文化、政治、战争等的影响，所以对体育实践的理性认识，在总体上还不可能形成一种独立的思想体系，但中国古代体育源远流长、博大精深。从它朦胧的破茧而出到历经磨炼的曲折发展，无不浸透着中国古代人民的智慧和梦想，所以中国古代体育所承载的历史文化和社会信息是其他领域无法企及的。

　　本书通过对中国古代体育的起源、在各朝代的发展以及与体育相关的重要事件和名人趣事的描写，旨在生动形象地给广大读者立体地展示中国古代体育的面貌，在为大家提供知识的同时，更注重其趣味性。

　　随着人们对中国古代文化和各个层面认识的不断深化，相信人们对中国古代体育史的认识也会逐渐全面而深刻。

目录

第一章 源远流长的中国古代体育

第二章　印迹鲜明的先秦体育

第三章　规模恢宏的秦汉体育

第四章　璀璨夺目的隋唐体育

第一章

源远流长的中国古代体育

　　"体育"一词是人类社会进入近代以后才出现的，但是体育现象则可以说是与人类社会同时诞生的。中国古代体育，是中国古代人民劳动与智慧的结晶，也是中国古代文明的重要组成部分。源远流长的中国古代体育，其初始可以上溯到史前时期的蛮荒时代。

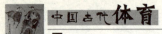

第一节
古代体育的蛛丝马迹

原始体育与先民的生存

探索体育的起源,必须追溯到人类的最原始时期。约 170 万年前的云南元谋猿人,约 80 万年前的陕西蓝田猿人,约 50 万年前的周口店北京猿人,是迄今在中国发现的最早人类。他们处于原始群居时代,还保留着猿的某些特征,有原始打制的石器。周口店的北京猿人已学会用火,并且能说简单的语言。当时的生产力极低,原始人过着集体采集兼狩猎的生活,生活艰难简陋,饱受野兽侵袭和病饿折磨。古籍对此曾有描写:

"上古之世,人民少而禽兽众,人民不胜禽兽虫蛇……民食果蓏蚌蛤,腥臊恶臭,而伤害腹胃,民多疾病。"(《韩非子·五蠹》卷十九)

"昔太古尝无君矣。其民聚生群处,知母不知父。无亲戚、兄弟、夫妻、男女之别,无上下、长幼之道,无进退、揖让之礼,无衣服、履带、宫室、蓄积之便,无器械、舟车、城郭、险阻之备。"(《吕氏春秋·恃君览》卷二十)

这些就是我们探寻体育源头的历史背景。

生存意识是动物的本能,更是人的本能。

在人类社会伊始,人类的最大强敌主要来自大自然,尽管人类生活依靠的也是大自然。人类要生存,不仅要获取食物,战胜暴雨、洪涝、疾病等自然灾害,而且随时都面临着虎豹豺狼等凶猛野兽对生命的威胁。在当时生产力水平异常低下的情况下,挣脱这种困境的方法不仅要倚仗组织团结的力量,而且个人

原始岩画

本身要具备强健的体魄。只有如此,才可以有效抵抗野兽的进攻并猎取必要的一日三餐。再说当时除了猎食就是休息,人类并没有其他太多的事情可做,剩余的精力用于健魄强体的训练,如速跑、爬山、跳水、角力等,也就成了日常生活中再平凡不过的事情。而这些有意或天意的身体锻炼,便成了体育习俗的萌芽。

当然,人类社会初期阶段的"体育锻炼",也并不是仅仅为了防止猛兽的袭击,更要紧的是生产与生活的需要。

在生产力异常低下且漫长的原始社会,先民们是在非常艰难的条件下劳动与生活的,其生产与生活只可以依靠简单的工具,比如木棒、石器等进行采集与狩猎。在当时"民少而禽兽众"的情况下,先民们依靠"食草木之食,鸟兽之肉"生活,而这些又非伸手可取之物,必须能与野兽"竞走""角力",必须与游鱼同游,必须如猿、猴一样善于攀缘……凡此种种,无论是走跑跳投,抑或是攀缘泅渡,在今天看来十分容易的事情,却不仅仅是先民们精力过剩的最基本的身体活动,更重要的是先民们谋生所必须具备的基本技能。从主观上讲,这些萌芽状态的"体育",并不是为了增强体质,而是为了谋求生存。但也不可否认,正是这些人类最初用以谋生的基本运动,孕育了后世特别是现代生活中不可或缺的内容——体育运动。

原始体育从劳动中走来

在十分漫长的原始社会,先民们在与大自然搏斗的过程中,在谋取食物的生产劳动中,用自己的智慧创造了生产力,也发展了生产力,其重要标志就是细石器的制作及陶器的制作。生产力的发展不仅为先民们生活水平的提高及思维的进一步发达提供了可能,而且为原始体育内容的丰富创造了条件。

细石器的制作堪称一个时代,即中石器时代。它是由旧石器(打制石器)时代向新石器(磨制石器及陶器)时代过渡的中间阶段,也是生产力发展的重要标志。人们的生产工具多样化了,征服自然的能力有所提高。和"原始体育"相关联的石镞(箭头)、石球、石刀等应运而生,实用性能也有所提高。特别是进入新石器时代以后,弓箭的发明,更是"原始体育"发展的重要标志,它为人们有目的地训练射击(尽管其目的仍未脱离生产性)提供了可能。时至今日,射箭仍为体

新石器石斧

育活动的一项重要内容,不能不说,弓箭是现代体育的重要鼻祖。在漫长的岁月里,它为人类社会生活注入了新鲜血液,也创造了许多脍炙人口的佳话,造就了许许多多的英雄人物。神话传说中的"羿"就是其中之一。"尧之时,十日并出,焦禾稼,杀草木,而民无所食……尧乃使羿……上射十日……万民皆喜"(《淮南子·本经训》)。

随着生产力的提高,原始农业和畜牧业先后出现,为人们生活内容的丰富提供了条件,带有"体育"性质的娱乐游戏随之出现。"帝尧之世,天下太和,百姓无事。壤父年八十余而击壤于道中。"(《高士传》)"壤"是用木块做成,前宽后窄,形状像一只鞋,长约一尺四寸,宽约三寸。做游戏时,先把一块"壤"放在地上,人站在距"壤"三四十步远的地方,用手里拿着的一块"壤"投掷过去,以击中为胜(邯郸淳《艺经》)。后世宋代的"抛堶"、明代的"打瓦"等游戏,可能就源于此。这虽是传说,但反映出原始社会末期,随着物质生活的丰富,"原始体育"已寓于游戏之中。在西安半坡遗址中,曾发现不少磨制精细的石球。石球在弓箭发明之前是人们的重要武器,而在弓箭发明以后的半坡时代仍存在大量石球,不能不说与游戏或练习投掷有很大关系。在半坡遗址的一个三四岁女孩的墓葬里,也随葬有三个石球,这显然不是用于狩猎或作为死者财产的象征,而是她生前游戏的主要玩具。在生产力水平提高以后,落后的生产工具转变为游戏用具或体育用品,不是没有可能,正如弓箭、刀枪、武术等古代战争的重要武器或手段在现代社会主要用于强身健体一样,石球等也是先民们怀旧、娱乐的工具。生产力是社会发展的基础,从某种意义上讲,原始体育与生产力的发展是同步进行的。

原始宗教中体育的萌芽

宗教是社会发展到一定阶段的产物。

原始社会,由于生产力非常低下,先民们对人的生老病死、自然的寒暑更替,特别是对威胁人类生存的自然灾害等现象无从解释,并由此而产生了畏惧心理。为了取得心理的平衡,亦即取得平安与生活的美满,先民们不能不把那些无法解释的现象归结为"天"的主宰,并举行一定的仪式祈求"天"赐予他们丰登的五谷,祈求"天"风调雨顺……这就是原始宗教观念的诞生。古籍《尚书》中记叙了远古时代一个庆祝会的场面。一个名叫"夔"的首领宣布说:"于!

中国九头蛇雕塑

予击石拊石,百兽率舞。"(啊!让我们敲打起石磬,百兽们都跳起来吧。)这部古书中还有"凤凰来仪""鸟兽跄跄"的文句,描写的也是鸟兽的舞姿。鸟兽怎么会跳舞呢?难道是原始人驯兽的把戏?原来这里是指人们装扮成百兽的模样,模拟百兽的动作来跳舞。

这种有趣的现象在不久以前尚处于原始社会阶段的一些民族中还可看到,如爱斯基摩人模仿海豹,正是为了不致惊跑栖息在海滨的海豹群。原始人在乞求神灵赐给他们以猎物,或猎获之后向神灵表示感激之情时,往往也跳起模拟鸟兽动作的舞蹈,其意义是向神反复表明,人们所需要的正是这种野禽或走兽。

这些虽不能说就是体育,但至少已孕育了原始体育的成分。《吕氏春秋·古乐》说:"昔陶唐氏之始,阴多滞伏而湛积,水道壅塞,不行其原,民气郁阏而滞者,筋骨瑟缩不达,故作为舞以宣导之。"在自然条件恶劣的环境下,先民们以活动身体的方式来适应自然环境的变化,抵御疾病的侵袭是自然的事情。原始体育正是这样由客观到主观、由不自觉到自觉地发展着。

战争与体育的渊源

如果说原始体育只是作为生产的手段而存在的话,那么军事体育的出现就该是后世体育的雏形了。从中国古代体育的发展轨迹看,后世以强身健体为目的的体育活动,基本上都是由军事体育发展、分化而来的。

原始社会末期,随着私有制的出现,各部落间产生了掠夺战争。为适应战争的需要,军事体育应运而生,其目的在于保护本氏族部落的安全,

《山海经》插图

并掠夺其他氏族部落的财富。人们常以围猎的方式或操练的性质进行军事训练，以提高作战能力，这就是军事体育的雏形。

据说，现在已经走向世界的围棋，就是那时产生的："（丹朱）鹜慢娟克，兄弟为阋。帝悲之，为制弈棋以闲其情。"（《路史·后纪十》）这就是尧造围棋教育他的儿子丹朱的传说：尧的儿子丹朱，品德不好，为人高傲，而且凶狠残酷，兄弟之间互相争吵，纷争不休。尧为之而感到痛心，就制作了围棋，以期用"棋道"来转变他的品行。现在虽然还没有十分确切的证据说明尧时已产生了围棋，但至少说明那时已经有了比较简单的为战争服务的军事性游戏了。

刑天舞干戚的传说

《山海经·海外西经》记载："刑天与帝争神，帝断其首，葬于常羊之山。乃以乳为目，以脐为口，操干戚以舞。"这是多么顽强的斗争精神啊！刑天在与黄帝争权的斗争中，被黄帝砍掉了脑袋，并被埋在常羊山，但他仍不认输，用两乳当眼睛，以肚脐当嘴巴，手持干戚（斧的一种）勇猛地挥舞。干戚的出现，说明当时已有了攻防手段，自然这是人们长期战争经验的总结，也是平时训练的内容。刑天舞干戚的传说，很可能就是后世"武舞""兵器对练"的鼻祖，也是当时军事体育的重要内容之一。

战争的产生，萌发了许多体育的胚芽，除前述弓箭、戈矛、干戚之类的兵器外，还有武舞、徒手搏斗、摔跤等内容，当然这并非现代意义上的体育。如《述异记》说："秦汉间说，蚩尤氏耳鬓如剑戟，头有角，与轩辕斗，以角觚人，人不能向。"这些神话传说虽然仅仅歌颂的是英雄人物，但当时的战争并非个人之间的征战，而是各氏族部落间的、几乎所有青壮年都参与的战争，这些原始体育的内容并不带有后世的阶级烙印，是全体成员的活动。在现代的某些民族志中，就有"当决定作战之后，战士们便涂擦身体，举行战舞……模仿作战状态"的习俗，而有的还规定"战士之妻在家中须日夜舞蹈"(《民俗学概论》),认为这样可以增加其夫的力量。

随着历史的发展,社会也在不断地演进。原始社会解体、奴隶制国家出现后,军事活动更加频繁,特别是生产力的进步(青铜的出现)、文化生活的进一步提高,原始体育逐渐脱胎而形成为现代意义上的体育,但其仍是主要以军事体育为主、为军事斗争服务的体育。其主要内容有射、御、角力、田猎、兵器操练等。为适应统治的需要,逐渐产生了为统治阶级培养人才的学校,其教育内容自然也有体育在内,这才是现代意义上的体育的诞生。不过这已是商周,特别是西周时的事了。

第二节
种类繁多的古代体育种类

历史悠久:球类

在人类的体育活动中,球无疑是一个重要工具。大球可以踢,小球可以抛掷,更小的球也可以弹,它圆圆的造型能够旋转,能够滚动,能够朝任何方向移动,尤其是当能够充气的球发明以后,球的各种特性更是获得了更大限度的发挥,使它很快成为一种适合每个人都可以娱乐的玩具,发展出了许许多多的玩法,所以,几乎在所有的古文明中皆有球类活动的记载。人类社会最早的球类活动中就包括中国的古代球类游戏。球类活动在古代中国不仅出现得早,而且种类十分齐全,击、踢、抛、弹各种形式应有尽有,这在世界其他古代文明中是很少见的。

早在原始社会时期,中国已经有了球类活动的痕迹。在距今5000多年的西安半坡新石器晚期居住遗址中人们挖掘出了大批的石球。石球大小不一,看

样子是花费了很多的时间磨制而成的。在
球面上留有相互碰撞过的痕迹，这些石球
极有可能是最早用作球类活动的玩具。至
于具体的活动方法，是抛，是踢，还是弹，就
不得而知了。

宋代蹴鞠纹铜镜

　　人类生活的这个世界，球形物体俯拾
皆是，河边的石头，植物的果实，都可以蹴
之、掷之、击之、踏之。人类的这种兴趣形
成了人类社会最早的球类游戏。

　　在中国古代漫长的球类发展史上，由于制球的材料、方法经过多次变化，由
于球类不同而形成的游戏方法、场地设备的不同，更由于不同时代、不同规则的
形成，从而在中国历史上出现了品类繁多、活动方式各异的球类活动。

　　足球在我国古代的史籍上叫蹴鞠或蹋鞠。"蹴"、"蹋"均是用脚踢的意思，
"鞠"就是球。蹴鞠是谁创造的呢？西汉学者刘向在其《别录》中写道："蹴鞠
者，传言黄帝所作。"1973年，在湖南长沙马王堆三号西汉墓出土的帛书《十大
经·正乱》中曾这样记载：大约在4600多年前，中原的黄帝部落与南方的蚩尤
部落在涿鹿（今河北涿鹿东南）进行了一场战争。这场大战打了好些年，后来黄
帝部落取得了胜利，擒杀了蚩尤。为了发泄余恨，黄帝便将蚩尤的胃塞满了毛
发，做成球让士兵们踢。黄帝是传说中的部落首领，当时还没有文字记载，所有
的社会文化，都是口授相传的。当时有没有创造足球游戏的可能呢？从中原一
带原始社会遗址中不断出土的石球遗物看，当时的人类有创造这种游戏的能
力。20世纪60年代，考古工作者在云南沧源县境内的高山峭壁上，发现了距今
3400年的岩画，其中就绘有多人玩球的图形。上面的有关传说和考古发现，虽
未能完全证明古代蹴鞠的起源时间，但却反映了它已有着相当久远的历史。

特色独具：武艺

　　武术是我国独具特色的一项运动。它深深地扎根在中华这块古老的土地
上，并在传统文化乳汁的培育下，逐渐形成了一个丰富多彩、极富哲理的运动体
系。传统武术是由古代武艺发展而来，因而它是伴随着人类的狩猎、生产和战
斗活动而逐渐形成的。在发展过程中，它将本身的攻防格斗、健身娱乐和身体

弓箭手雕塑

运动等与传统哲学思想结合得自然、完美，与古代希腊、罗马的竞技运动一样，成为世界体育史上的奇迹。

由武艺发展而来的、作为东方人体文化的中华传统武术，内容极其丰富。它不但形成了各种各样的流派、系统的武术套路，而且具有独特的击技实用价值、全面增强体质的健身作用和表演的艺术美。传统武术形成的历史、传统武术体系的构成以及传统武术完整的文化内涵，在古代武艺的丰富内容中得到了充分的体现。这就是形成古代武艺主要内容的射箭、拳搏和武艺器械。

"背手抽金簇，翻身控角弓。万人齐指处，一雁落寒空。"这是唐代诗人张祜笔下驰马射箭的场面，何等豪迈，何等潇洒。

射箭，历史悠久，源远流长。它既是远古祖先赖以谋生的手段，又与军事活动紧密联系，还是世界上最古老的运动项目之一。据有关的考古资料，在远古时期山西峙峪人文化遗址中发现了磨制的石箭头，表明当时已经使用弓箭了。

弓箭的出现，使最初的人类掌握了一种异常先进的工具。所以，在上古人类的心目中，弓箭自然成了战胜天灾的一种威力无比的法宝，而最初的优秀射手也被当做神来崇拜。古代神话中的后羿，就是一位善射的英雄，传说他用弓箭射落了九个给人类带来灾难的太阳，为百姓创造了幸福。后羿，堪称远古时代第一个优秀射手。从此，射箭作为一项武艺活动，在历史上开始了极其漫长的发展历程。

趣韵兼备：棋类

棋，在中国古代体育活动中是一个不小的家族。它种类繁多，源远流长，不断启迪人的思维与智慧，可以说是一种充满妙趣的智力竞技活动。几千年来，人们发明创造并不断丰富发展了它，无数的军事家、大臣和君王，都是棋游戏的能手,无数的文学家、诗人和哲学家,都是棋游戏的爱好者,他们从棋中体会治国安邦之理,从棋中体味人生。棋也娱乐着世世代代的民众,使他们在枰声局影中,忘却了人间无限的烦恼,神游于尘外。

古代博弈雕塑

围棋活动,是古代文化生活的重要组成部分,是社会各阶层人物的共同行为。它对人类生活机制具有调节作用,直接影响了人们的道德观念、行为准则、审美趣味乃至思维方式。这一切使棋类活动有别于通常的消遣游戏,而成为一种具有丰富内容的文化形态。但是从娱乐性的目标出发,棋艺仍是古人施展聪明才智的最终目的。他们或是在游戏的规则上争奇斗巧,或是运用诗词或精美的文学修辞使之富于艺术意味,或是将游戏与其他的赏心雅乐如行令、猜谜等沟通起来,使之能被更多的人士及更多的场合接受。而正是这种化俗为雅、趣韵并兼的倾向,构成了中国棋类文化的重要特点。

中国古代传统的棋类游戏在总体上主要分为两大类,一是包括围棋、象棋、弹棋在内的凭智力的棋艺,一是以六博、双陆为代表的伏机运的博戏。前者在于它的锻炼思维、陶冶性情的教育性,而后者则显示的是其贪求物欲、牟利的功利性。古人将两者并列在一起,是因为它们都是在"局"或"枰"上进行的棋类游戏,都是广博的中国古代传统体育文化的重要组成部分。

围棋,在我国古代称为弈,在整个古代棋类中可以说是棋之鼻祖,相传已有4000多年的历史。被人们形象地比喻为黑白世界的围棋,是我国古代人民所喜爱的娱乐活动,同时也是人类历史上最悠久的一种棋艺。由于它将科学、艺术和竞技三者融为一体,有着发展智力、培养意志品质、机动灵活的战略战术思想意识和全局观点,有丰富人们文化生活,陶冶性情,健康身心等有益作用,几千年来长盛不衰,并逐渐地发展成了一种国际性的文化体育活动。

 征服自己的产物:田径

田径是由跑和跳以及投掷这三种人类最基本的身体活动方式组合而成的。

投掷运动雕塑

人们常常说田径是一切体育运动的基础,事实上,这些最基本的活动能力也和人们的日常生活息息相关。特别是在早期社会中,人类征服自然的力量还非常弱小,在和大自然的搏斗中,在相当大程度上只能完全依靠自己血肉之躯的敏捷和力量。不管是在和兽搏击的打猎中,还是和人厮杀的战争中,取得胜利的往往是那些跳得远、跑得快、投得准的人。尽管在中国的古文字里没有"跑"和"跳"两个字,不过与跑同义的词,像走、奔、趋、利趾,和跳同义的词,如逾高、踊、跃、超距等,早就在史籍中出现。今天属于田径项目的各种体育手段,从远古时期开始就在人类社会中发挥着非常重要的作用。

因为跑在古代社会中具有重要作用,早在几千年前中国便出现了很多能跑善走的飞毛腿,他们的耐力与速度,可以让今天的长跑家们望洋兴叹。西周(前11世纪—前771年)的一个铜鼎上的铭文记录了这样一段话:一次周成王(前1042—前1021年)去淇田鼓励农耕。在返回王宫的途中,周成王手下的侍从在飞驰的马车后奔跑相随,一直抵达王宫,最后获得10家奴隶的赏赐。

在古代战争中,一个将士具备突出的奔跑跳跃能力,显得尤为难得,所以各国的君主们都十分珍惜体能出众的将士。正如军事家吴起所言,任何一个军队中,都存在一些虎贲之士,力量之大能够轻举铜鼎,身体敏捷,可与战马轻松地一起奔跑,这样的人才要给以特别的重视(《吴子·料敌第二》)。《左传·僖公二十八年》记载,晋国的一员猛将魏犨违反了军令,晋文公非常生气,想依照军法处死他,但又不舍这个难得的将才。正好,此时魏犨正在家中养伤,晋文公就派人去慰问,事实上是查看魏犨的伤势怎样,若伤重,就把他按军法处决;如果伤得轻,就不再追究了。魏犨尽管是一个鲁莽的武人,可是粗中有细,晋文公的来意,他已明白。就包扎好胸伤,装作很轻松的样子,纵身跳高 300 次,又向前跳 300 次,表示自己还很强健,就这样保全了性命。

知识链接

最早关于"跑的故事"

　　最早的关于跑的传说莫过于《山海经·海外北经》中记载的"夸父追日"了。这个故事说的是一个名叫夸父的巨人,住在北方,看到太阳每天驾着万丈光芒的金车,从东山上隆隆驰出,转眼间跨越了千山万水,在一片云霞中消失在西方,便下定决心,要与太阳赛跑!于是大踏步地向太阳追去,高山险阻,河流湖泊在夸父的脚下飞快地向后移去,比赛达到白热化的程度,胜利已经在望。但是,与炎炎烈日长时间角逐,使夸父口渴难而寸,于是俯下身来痛饮江河之水。不料,一口气喝干了黄河,又喝干了渭河,夸父还是渴得厉害,只好去北方的大泽喝水,由于过度的干渴,这个巨人倒下了,但是他的手杖化作一片桃林,累累的果实饱含水分,给路人纳凉解渴。当然,这只是一个神话,但它表达了古代中国人民征服大自然的美好愿望。

源远流长：养生体育

　　人类从它诞生的那一天起，就开始在极其艰难困苦的条件下，为自己的生存与健康进行着顽强的斗争，不断地适应环境、适应自然、改造环境、改造自然。正是在这个长期求生存的斗争过程中，人类逐渐地认识了自己，掌握了生命活动的某些规律，出现了养生体育活动。

　　我国养生体育的历史源远流长。根据《吕氏春秋》《路史》等书的记载，早在唐尧时期，洪水连年泛滥，到处湿漉漉，使长期生活在潮湿环境里的人们浑身不舒展，以致关节肿胀，产生了许多疾病。为了治疗关节肿胀等疾病，人们就发明了一种被称作"大舞"的舞蹈，用跳舞的办法来舒展筋骨、活动关节，排解心中的烦闷。后来，人们从实践经验中发现，这一类舞蹈具有意想不到的、良好的舒筋壮骨的作用，从而逐渐发展出后来的导引、按摩等古代疗法。

　　随着社会生产力的发展，人类认识能力的提高，人们开始明确建构和认同有关幸福的模式和标准。于是，健康长寿越来越成为人们美好的愿望和追求的目标。在大致产生于商末周初的《尚书·洪范》之中就提到了"五福"（即寿、富、康宁、攸好德、考终命五种好运），其中有三项都与健康长寿有关。在这里，古代中国人倾向于将自己的幸福观和价值取向牢牢地同长寿、健康安宁、尽天年等相结合。在西周的颂歌里，已有了如"万寿无疆""南山之寿"等颂词。正是在有了这些健康长寿愿望的基础上，人们才开始积极地去付诸行动。

　　由先秦到西汉，中国古代的养生体育开始从各门学科中吸取有益的成分以发展自己。首先是中国医学与哲学的结合，在引入了像阴阳五行、精、气、神这些哲学概念后，形成了独特的中医理论。同时，通过儒、道、释及神仙方士和世俗的努力，中国传统的养生体育体系终于形成了。这就是以呼吸锻炼为主的行气术，以引伸肢体为主的导引术和以舒筋活络为主的按摩术。其中行

现代养生项目——行气

气术所强调的是"静",是通过控制意念和呼吸运动进行养生治病的"静气功"。而导引术和按摩术则强调的是"动",是以肢体活动为主,配合呼吸运动和自我按摩的养生方法,或可统称为导引按摩术。这两大养生形式共同构筑起了中国传统养生体育的体系,为中华民族的健康做出了重要的贡献。

行气,又叫吐纳、服气、炼气、胎息等,是在意念指导下的一种呼吸锻炼。行气这一养生方式开始于什么时候,现在还找不到确切的记载。我们今天所知道的最早史料,是现存于天津历史博物馆的战国初期的《行气玉佩铭》。这件器形呈十二面体柱状,上刻一段关于"行气"的篆书铭文,每面刻三字,有九字重文,共四十五字。按照郭沫若《"行气铭"释文》的考释,其铭文是这样的:"行气,深则蓄,蓄则伸,伸则下,下则定,定则固,固则萌,萌则长,长则退,退则天。天几春在上,地几春在下。顺则生,逆则死。"铭文大意是说,吸气深入则多其量,使它往下伸,往下伸则定而固;然后呼出,像草木之萌生,往上长,与深入时的经路相反而退进,退到绝顶。这样,天机便朝上动,地机便朝下动,顺此生之则生,逆此生之则死。这是目前人们所见到的最早的关于气功理论的论述,它简明扼要地阐明了行气的要领、过程和作用,和后世气功所谓"气沉丹田"及"周天运行"等理论与方法基本一致。《吕氏春秋·序意》中"天日顺,顺维生。地日固,固维宁"的记述,与行气铭的观点也是一脉相承的,表明战国时期的中国已经有了较为高深的行气方法。

生活实践的产物:练力与举重

作为人类习武和健身手段之一的练力与举重活动,其最初源于原始人类的生活实践,是人类基本生活技能提炼的结晶。随着社会的进步和文化的发展,广泛盛行于民间的练力与举重形式,也逐渐成为了军事训练的重要项目。在发展过程中,这两项相关的运动技能,无论在内容上,还是在竞赛方式上,都得到了进一步的提高。不同形式和不同特点的练力与举重活动在不同时期的发展,更加丰富了中国古代体育的活动内容。

举重物的竞技活动在我国古代经历了三个大的阶段:一是举生活用具,二是举木制、铁制的举重器和其他重物,三是举石制的举重器。由于举重器具的不同,其名称也有差异,如翘关、扛鼎、举大象等,都是古代举重物竞技活动的名称。

在夏、商、周三代的传说中，就有许多以举（拉）重物闻名的大力士，如夏桀"有才力，能伸钩索铁，手搏熊虎"；殷纣"能倒曳九牛，扶梁换柱"；有穷氏国君寒浞的儿子"能陆地行舟"。拉直铁钩，空手擒缚猛虎，曳住九牛，扶住屋梁换下房柱，以及在陆地上拖动木船，这些生活和生产上用力的事，需要几个人或十几个人才能办到的，而力量大的一人就办到了。这些，反映了我国古代举重活动的源远流长。

广受欢迎：角力与摔跤

夏、商、西周时期，以手搏为特征的徒手技能已经出现了，如《史记·殷本纪》中形容帝纣"体力过人"，能"手格猛兽"。既然能徒手和猛兽格斗，应当是一个训练有素的角力能手。统治者尚能如此，他的将士不能不受影响。

西周时期，角力已经见于文字描述，《礼记·月令》中有明文记载："孟冬之月……天子乃命将帅讲武，习射御，角力。"《淮南子·时则训》中也记述了周天子命令讲武之事："孟冬之月……命将帅讲武，肄射御，角力劲。"角力是一种近乎肉搏的技术，也是一种能锻炼体质、力气和耐久力的活动，这些记述表明角力也是战时必须掌握的基本技术。

古代摔跤运动

封建统治者开科武举的目的，是为其选拔得力的将才，但在客观上却促进了举重活动的开展。民间出现不少技勇，如道光年间，琼州府文昌县的符成梅，年已 84 岁，还能够拉开三号弓，刀舞胸背花，掇石离地。

由于石制的举重器简便易得，我国各地民间都盛行举石锁、石担等活动。尤其是在武艺武术的练习过程中，举石锁等活动，已经成为不可缺少的重要形式。在经过了几千年的演化之后，我国古代的举重活动，从举生活工具，发展到了举特制木、铁举重器和石制举重器等阶段，反映了古人对举重活动的重视。随着不同时期对举重运动器具的不断改进，举重活动始终未曾断绝，并一直在民间广泛地开展着。

在《水浒传》第七十四回中，有一段关于摔跤比赛的精彩描述，说的是梁山好汉、摔跤能手燕青和号称"擎天柱"任原的一次擂台赛。在这次比赛中，燕青采用后发制人的策略，先用灵活的步法与对手周旋，等到这个大汉脚步大乱，就"抢将入去，用右手扭住任原，探左手插入任原交裆，用肩胛顶住他胸脯，把任原直托将起来，头重脚轻，借力便旋四五旋，旋到献台边……把任原头在下，脚在上，直仍下台。这一扑，名唤做鹁鸽旋"。从这一回的其他描写中我们还可以了解到，摔跤在宋朝称为"相扑"。燕青打擂的这次摔跤赛，奖品还是挺丰盛的，奖品除了一匹全副鞍马，还有在"山棚"上放置的其他一些"物件"。宋代的摔跤有叫作"相扑社条"的比赛规则，其中最重要的一条是"不许暗算"，在比赛中用脚踢也是完全可以的。摔跤比赛在当时备受人们的青睐，不仅有州官亲自主持，而且观众也多达数万人。

摔跤是一项十分古老的体育运动项目，在拥有数千年历史的中华大地上，历经了许多变化，上面所述的这种宋代摔跤，不过是漫长的摔跤发展史中的一个片断。

"摔跤"一词在中国古代并没有出现，最早是用"角抵""角力"，以后又有"手搏""摔胡""相扑""拍张"等。它的起源能够追溯到还没有文字记载的远古。在秦汉时期有这么一个传说被广为人知，大约在4600多年前，黄帝部落和蚩尤部落在涿鹿（现在河北涿州）进行了一次大战，蚩尤部落的人头上有角，"以角抵人"，战无不胜。因而后来这一带的老百姓中流传着一种头戴牛角，三三两两互相抵斗的游戏，叫"蚩尤戏"（《述异记·卷上》）。这种角抵属于中国最古老的格斗形式之一，后来的一些对抗性的体育活动像拳术、摔跤，都是角抵历经数年不同的演变形式。在西周，人们把徒手搏斗叫作"角力"，是一项非常重要的军事训练内容。每年冬天，周朝的天子就要把他的将帅们召集在一起，命他们练习射箭和角力，并亲自检查训练效果（《礼记·月令》）。因为角力同时是一种为民众所喜闻乐见的比赛，角力的双方不仅要威武有力还要智勇双全，只有具备这些，才能从角力中脱颖而出，使对方彻底臣服。这对于那些高大威猛、喜欢冲锋陷阵的武士们而言，更是一项非常具有挑战性的娱乐活动。所以，到春秋战国时期，这种徒手肉搏的角力事实上成了一种练武与娱乐相结合的活动。人们经常以角力取乐。1955年，在陕西长安县客省庄出土的一件青铜制成

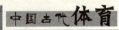
的战国时期的摔跤透雕,让当时流行民间的角力情景,生动形象地展现在人们面前。只看到两个大汉只穿着长裤,上体赤裸,各自一手扣住对方的腰,一手扳对方的腿,纠缠在一起,相持不下,打得难解难分。大汉们的身后各有一匹马,在静静地等待着这场角力的结果。这是至今人们所发掘出的中国古代最早的摔跤形象。

魅力独具:水嬉与冰嬉

我国疆域辽阔,南北跨温、热两大气候带,气候变化万千,地理环境千姿百态。既有波涛滚滚的长江大河、星罗棋布的湖泊水泽,更有千里冰封、万里雪飘的冰雪世界。这种自然条件,使我们的祖先从一开始就与水、与冰、与雪的世界结下了不解之缘。

原始人类主要以渔猎为生,他们为了取水方便,打鱼容易,往往将自己的住所安置在河岸或湖畔,如此一来,交通更加方便,因为他们只需要驾驶一叶扁舟或一条作工简洁的木筏,就能从一个地方很容易去往另一个地方。水大大地扩展了人类的活动范围,在没有道路,到处都有野兽出没的恶劣环境里,这种水上

古老的渡河工具——木筏

通道起到非常重要的作用,甚至可与今天的高速公路相媲美。但是水又是非常凶猛的,一发起脾气来,就像一条桀骜不驯的恶龙带给人们毁灭性的灾害。远在尧帝时期江水肆虐,中华民族的先祖几乎在夹缝里求生存,在古代典籍《山海经》中,就记载着炎帝女儿溺死海中故事。中国最早的一部历史文献汇编《尚书》中就有洪水泛滥、人民流离失所的记载。有名的大禹治水的故事就是在这种情势严峻的时刻发生的。正是人们为了生存不断与水作斗争的时候,也逐渐掌握了许多与水相关的本领。最初,人们发现瓠瓜(类似葫芦的一种植物果实,比葫芦大)是一种很好的漂浮工具,这个东西体积大,重量轻,浮力强,也比较坚韧耐用,就将瓠瓜系在腰间漂过河去。《易经》里就有"包荒,用冯河"的记载,"包荒"就是瓠瓜,而"冯河"就是渡河的意思。后来人们经过反复摸索,学会了游泳。中国最早的一部诗歌总集《诗经》中就提到"游泳"一词,"就其深矣,方之舟之。就其浅矣,泳之游之"(《诗经·谷风》)。这几句诗的大致意思是:在水深的地方乘坐木筏或者乘坐小舟通过。遇到浅水区,就可以选择潜泳游过去。由此看来,那时候人们的游泳技术还不是很高明,只是用于水较浅的地方。随着时间的推移,人们在水中活动的本领逐渐增强,泅水与人类社会的关系也日益密切,在战争、生产以及娱乐中开始发挥重要的作用。

　　与水嬉有着密切关系的冰嬉,是古代冰上活动的总称。它是我国古代北方地区特有的体育活动,在隋唐时期的女真族中,就已经出现了利用"竹马"在冰上滑行的冰上活动。至宋代,有关的冰嬉游戏较为兴盛,《宋史·礼志》里就有皇帝"幸后苑观花,作冰嬉"的记载。明清时期,特别是北方民族入主中原之后,也把冰嬉带入中原,与中原北方较寒冷地区所流行的一些冰雪游戏相结合,逐步地形成了滑冰、滑雪及其他冰雪活动的一系列嬉戏项目。清代的北京是这种文化结合的热点地带,其冰嬉内容丰富多彩,呈一代之盛。清政府还把冰嬉纳入兵家,将一系列冰上运动视为军事训练,并设"冰鞋处"进行专门管辖。及至晚清,政府还每年对冰嬉活动进行检阅,但其中军事训练的目的已经逐渐淡薄下去,那本来带有游戏色彩的冰嬉运动项目,就真的变为纯粹的冰雪运动游戏了。直至中华人民共和国成立后,冰嬉游戏才逐步发展成全新的体育运动项目。

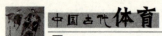

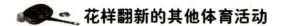 **花样翻新的其他体育活动**

 **1. 垂钓**

垂钓,是流行于我国古代的一项极具有休闲特色的健身活动,有着悠久的历史。

垂钓起源于古老的渔业生产。但是,随着人类食物的逐渐丰富,其娱乐活动的因素就不断增大,并越来越明显起来。在我国考古发现的史前时代的一些遗址中,经常见到骨制的钓钩。而那些钓钩,大多数都不是发现在河底或湖底,而是在住宅处挖掘出来的;有的似乎保存得很好,反映出它们是被留作纪念或欣赏的。这说明那时钓鱼活动已由生产性逐渐向娱乐性过渡。

与钓钩出现和完善的同时,钓竿也成为了垂钓的重要工具。我国古代钓鱼用的钓竿,多数是用竹子制成。竹子质轻,竹竿挺直修长,富有弹性,是较理想的天然钓竿材料,外形也很美观,其粗细则以手握感舒适而定。刻在战国时铜器上的钓竿形象都较短小,而到了汉代,画像中出现的钓竿就较长了,如按图中的比例估计,约有4～5米之长。东汉班固的《两都赋》中就有"揄文竿,出比目"之句。"揄"是牵引之意;"文"指纹饰;"比目"即比目鱼。在竹制的钓竿上绘上和刻上花纹,表明汉代不仅在钓竿的技术性能上下工夫,而且还注重钓具的观赏性,这也是为了更好地提高其娱乐的效果。唐宋以后,垂钓用具有了进一步的发展。装有绕线轮的钓竿非常流行。宋代画家王洗擅长山水画,在他画的《渔塘泛艇图》中就有轮竿,这是所见此种轮竿中较早的一例。此外,还有明代蒋嵩的《渔舟读书图》、明代版画《子陵钓图》中的轮竿和《桃花矶》中的轮竿,以及沈士充的《寒塘渔艇图》等几幅作品,其中所见到的也均属这种钓具。

 **2. 高跷**

高跷又称"脚把""柳木腿"等,是我国民间传统的民俗娱乐活动。

踩高跷在我国具有悠久的历史,《列子·说符》篇记载说,宋国有个叫兰子的人,用比自己身体长一倍的两根木条绑在足胫上去朝见君主。表明早在春秋时期即出现了高跷的雏形。陈旸《乐书》中曾记载了汉代的高跷技艺,说明高跷

现代踩高跷活动

已成为当时百姓活动中的重要形式。南北朝时,高跷又称之为长跷技。郭璞在《山海经注》中称踩高跷的艺人为"乔人"。唐代的高跷在《封氏闻见记》中是这样描述的:有人踩着五六尺的高跷在绳上踏舞,使人惊叹不已。到了宋代以后,踩高跷已在较大的区域内流行起来。《东京梦华录》《都城纪胜》《梦梁录》《武林旧事》中对当时的高跷活动都有记述。宋代称高跷为"踏跷",每逢节日喜庆时,城乡艺人们便在"舞队"中踏起高跷,表演各种技巧动作,使观者惊叹叫绝。

到了清代,高跷已成为大江南北最常见的观赏民俗活动。李调元《观高跷灯歌》是这样描写的:"正月十四坊市开,神泉高跷南村来。锣鼓一声庙门出,观者如堵声如雷。双枝续足履平地,楚黄州人擅此技。般演亦与俳优同,名虽为灯白日至。"由于高跷要求表演者在腿上绑着数尺高的木跷来往逗舞,其技艺性很强,因而,要求表演者具备较好的素质。古代的高跷一般分为文、武两种,文高跷着重于踩、扭和人物情节的表演;武高跷除了一般的动作表演外,主要是特技显示。如一个人肩上驮着几个人,单腿跳走几十步,在跷上向后折腰,两腿劈又坐地后又一跃而起,跳过三四条高搭起来的长凳,或从很陡的斜木板登上,或过一人多高的独木桥等等。有的地区高跷与秧歌舞相结合而成为颇负盛名的高跷秧歌舞，反映出高跷在民间流行之广以及深受民众欢迎的程度。古代的高跷在表演形式上是多样的，有在广场上边舞边走各种队形的小场；有两三人（扮装的有渔翁、渔婆、俊锣等）为一组表演的小场；还有各种特技表演和歌舞小戏。高跷传统的表演节目有《踏跷竹马》《踏跷捕蝶》《踏跷舞八仙》《踏跷摸鱼》等。许多高跷表演节目在宋代已经出现，可见其传承性是很强的。

古代的高跷活动多与旱船、跑驴、舞龙、秧歌等表演活动合在一起组成"社火"（宋代称之为"舞队"），在春节或其他节日里走街表演。"庄稼人要娱乐，唱戏要社火"，在受人们欢迎的社火里，高跷以其特有的舞姿技巧倍受青睐。当代，传统的高跷活动仍倍受城乡人们的欢迎，其表演技巧也不断提高，充分显示出其旺盛的生命力。

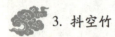

3. 抖空竹

抖空竹，又叫"抖空钟""抖空筝"，是古代流行于北方的一种传统娱乐形式。

抖空竹在我国有着悠久的历史。明刘侗、于奕正在《帝京景物略·春场》中记载说："空钟者，刳木中空，旁口，汤以沥青，卓地如仰钟，而柄其上之平。别一绳绕其柄，别一竹尺有孔，度其绳而抵格空钟，绳勒右却，竹勒左却。一勒，空钟轰而疾转，大者声钟，小者蠮飞声，一钟声歇时乃已。制径寸至八九寸。其放之，一人至三人。"古代的这类所谓"空钟"，北京俗称"抽绳转"，天津人叫它"闷壶卢"，有的地方叫"地铃"。李家瑞《北平风俗类征·游乐》引坐观老人的《清代野记》载："京师儿童玩具，有所谓'空钟'者，即外省之地铃。两头以竹筒为之，中贯以柱，以绳拉之作声。唯京师（指北京）之空钟，其形圆而扁，加一轴，贯两车轮，其音较外省所制，清越而长。"

综上所述，空钟也好，闷壶卢、地铃也罢，都是同一种玩具。不过一般所说的"空竹"，是专指抖在空中嗡嗡作响的那一种。这种空竹，明代末年成书的《帝京景物略》中尚无记述。到了清代，有关记述渐渐增多起来，抖空竹于是成为人们喜爱的一种游戏。这种典型的空竹，一般分为单轴和双轴两种，轮和轮面为木制，轮圈为竹制，竹盆中空，有哨孔，旋转时可发出"嗡嗡"的响声。空竹中柱腰细，以便于缠线绳抖动时旋转。抖空竹者双手各持两根二尺左右长短的小木棍（或小竹棍），其顶端皆系一根约五尺长的棉线绳，两手握住小木棍的两端，使线绳绕轴一圈或两圈，一手提一手送地抖动，加速旋转使之发出鸣叫声。

清代无名氏的《燕京杂记》，在记述当年京师空竹的制法、玩法是这样说过："京师儿童有抖空竹之戏，截竹为二短筒，中作小干，连而不断，实其两头，窍其中间，以绳绕其小干，引两端而擞抖之，声如洪钟，甚为可听。"

　　清代的空竹除了在民间儿童中流行，还传入宫中，为宫中妇女所喜爱，并出现了不同形式的抖空竹。清人无名氏《玩空竹》诗曾这样形容："上元值宴玉熙宫，歌舞朝朝乐事同。妃子自矜身手好，亲来阶下抖空中。"原注云："空中，玩器之一。近舞于京师，新年，王孙、贵姬擅长者皆为之。宫中妃嫔亦多好焉。舞式有'鹞子翻身''飞燕入云''响鸽铃'等。"抖空中的名堂也不算少，除以上所述及的花样之外，还有"攀十字架""扔高""张飞骗马""猴爬竿"等。尤其是"扔高"，有的能将空竹抛向空中达数丈高，待其下落再以抖线承接，准确无误，也堪称一绝。

　　抖空竹自清代以后得到了继续发展，并在民间广为流传，同时也成为了杂技艺术中的重要表演形式。

4. 登高

　　中华大地有无数的崇山峻岭，奇峰险岩，以瑰丽多彩的风光吸引着人们。登山早已成为中国一项传统的民族体育活动。大教育家孔子就很喜欢登山，他登上东山俯视鲁国，登上泰山俯视天下（《孟子·尽心上》）。登山最好的季节是秋天，特别是晚秋，紧张忙碌的收获已经结束，难得的余暇，欢娱的心境，金风送爽，天高云淡，一阵阵秋风吹拂中，大自然的花草树木，呈现出一年中最丰富的色彩，一幅美不胜收的秋景图。气候宜人，道路通达，在这个时候登高远望，万里江山尽收眼底，令人心旷神怡。因此，秋日登高是很自然的事情。

　　登高是一项非常普及的古代体育活动，为社会各阶层的人们所喜爱。东晋的大诗人谢灵运还自己设计并制造了一种前后装有齿的木屐，专门用来登山。上山时将木屐的前齿去掉，而下山时则将后齿去掉（《南史·谢灵运传》）。人们便称这种木屐为"谢公屐"。唐代的李白也很喜爱登山，曾经"脚著谢公屐，身登青云梯"，就是穿着谢灵运发明的这种木屐游了天姥山（《梦游天姥吟留别》）。李白还在重阳节兴致勃勃地登上洞庭湖畔的高山，一边吟唱着"九日天气清，登高无秋云"的诗句，一边饮酒，观赏湖中水军的操练（《九日登巴陵置酒望洞庭水军》）。

　　虽然登高以登林木葱茏、空气清新的高山为最好，但是在一些没有山的地

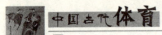
方，或对一些因年老体弱等原因不适于登山的人来说，人们住地附近的高台、塔寺、高阁等均可作为登高的地点，如唐代的皇帝就每逢重九登大雁塔，成为惯例（范灯《忆长安·九月》）。

重阳登高的传说

农历九月九日是重阳节，我国自古就有在重阳节登高的传统。唐代诗人李白、王维、岑参、杜甫、刘禹锡都留下了在重阳节登高的诗篇。据说在东汉年间，在汝南这个地方，有一个名叫桓景的人，跟随道人费长房学习。有一天费长房对桓景说，在九月九日重阳节这一天你可要小心，因为汝南将有一场灾祸。避灾只有一个方法，就是让你的家人在胳膊上系上装有茱萸（一种药用植物）的小布袋，登上高山，然后喝菊花酒。桓景就按费长房吩咐的——照办，带领全家上了山。傍晚，下山回家一看，只见家里养的鸡、狗都死了（《荆楚岁时记》）。从此以后，人们为了避邪，每当重阳节就登高。

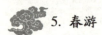

5. 春游

春游，又叫踏青，是我国节令民俗活动的重要内容，源于远古农事祭祀的迎春习俗，具有相当久远的历史。早在西周时期，每当立春之时，正是万物萌发之际，大地绿草如茵，到处都是生气勃勃的一片青绿。这一天，天子要率百官去郊外举行迎春仪式，祈祷上苍保佑，鼓励农事。后来，这种活动就渐渐地成为一种礼制习俗，流传下来，并在春游的过程中进行一些其他娱乐活动，形成了一种综合性的健身和陶冶性情的运动形式。

春秋时期，春游已成为一项较为普及的活动。孔子的弟子曾皙有一次对老师说，他最喜欢在风和日丽的晚春，穿着新做的春服，和几个朋友结伴去城外的沂水游泳，到树木成荫的祭坛上沐风，然后大家一起高歌长吟而归。作为老师的孔子非常赞同学生的看法，说明孔子也是非常喜爱春游的。

汉代，基本上承袭了西周之时的迎春之礼这一习俗。在春和景明的季节里，帝王贵族们常借迎春之仪游览春色。西汉武帝，东汉明帝、章帝、和帝、安帝、灵帝及献帝都常于春季出游，郡县官吏也常以劝农鼓励人们参加春游活动。汉代还有春日采风的习俗，《汉书·食货志》说，每当春日，人们一起郊游之时，朝廷往往派人手敲木铎向郊游者采集诗歌献给乐府。可见，汉代的春游活动，已不仅仅是政府劝民农桑的迎春之仪，也不仅仅只是"礼拜"而已，它在迎春演礼的基础上，又增加了许多赏心悦目的余兴节目和有意义的活动，足见汉代春游风俗之盛。

春日郊游到唐代就已经成为一种非常流行的体育娱乐活动。在首都长安，每到春天就会兴起规模盛大的春游活动。《开元天宝遗事》说春游之时的园林中，游人如织。风流的长青年们喜欢成群结队地骑马出游，豪饮长歌。有些游兴大的富家子弟甚至在园林中设置帐篷。长安的青年妇女们也是春游的积极参加者，她们漫步在空气清新的林木中摘花折柳，遇有名园则席草坪而坐，载歌载舞，好不开心。由于大量人群春游野宴，因而，一到春日，长安的"园林、树木无闲地"。

春游在宋代形式多样，内容也更加丰富。宋代的春游活动，一般从正月初八就开始了。由于城市经济繁荣，也给春游创造了良好的条件。当时，妇女们成群结队外出游玩、赏花，名曰"踏春"，并出现了专为春游设定的节日——踏青节。宋代的学校甚至还给学生放春游假，太学放假三天，武学放假一天，让学生们痛痛快快地放松一下。

由于宋代城市的发展，民间艺人的

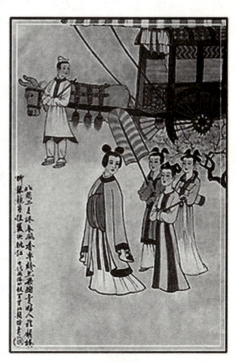

春游图

大量出现，使春游也与观赏杂技杂耍结合了起来，如洛阳一带，每年正月梅花开，二月桃花开，以及三月牡丹开放的时节，人们往往在花开得特别好的地方围起一个圈子，供各种杂技艺人在那里表演节目。城里的男男女女这时就带上酒菜纷纷出城，到风景秀丽的地方，边饮酒唱歌，边赏花和观看杂耍，热闹非凡。

春游，作为一项颇具特色的民俗娱乐形式，生动地反映了中华民族多种多样的体育活动特色，充满勃勃生机和趣味性。这项古老而有意义的习俗一直延续到今天。

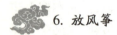

6. 放风筝

风筝，我国古代时叫作纸鸢。只是，早期的风筝制作材料只有木头和竹子，制作极为简单，而今，大多数风筝都是在用细竹扎好的骨架上糊上彩色的纸张，最后制作成一只只色彩斑斓的风筝。在春秋战国时期，名垂史册的能工巧匠公输子曾经用竹木为材料做了一只木喜鹊，传说可以连续飞行三日（《墨子·鲁问》），这可能是历史上有记载的最早的风筝了。利用简单的竹木制作成一只会飞的鸟十分不易，传说墨子耗时三年才制成一个木鸢，还是只能在空中飞一天（《韩非子·外储说》）。在造纸术问世前由于缺乏材料，做风筝十分不易。因而汉代之前，墨子制作的木鸢算是很稀有的了。到了东晋（317—420年），风筝开始在民间肆意盛行。在封建社会鼎盛时期的唐代，放风筝的风气又达到鼎盛时期，风筝的制作技术也已炉火纯青。唐代诗人曾写道："代有游童，乐事未工，饰素纸以成鸟，像飞鸢之戾空，野鹊来迁而伴飞，都人相视而指看。"（唐采《纸鸢赋》）。唐朝时期，还出现了带有灯光和发出哨声的各式各样的风筝，夜晚将这种风筝一起放出，像许多漂亮的星星。翱翔天际中的风筝竹管，一旦有风吹入，便会发出阵阵悦耳的响声，远远听来好像有人拨动古筝的琴弦。所以，纸鸢又被人们叫作风筝。

风筝在唐代以后更加流行，逐渐发展为人们休闲时期的一项必不可少的娱乐活动。宋代的都市中出现了以出售风筝来谋生的小商小贩。风筝有很多类型，金末石抹世勣的诗中就有"鸥鸢雕鹗"等各种飞禽。清代的《红楼梦》中又进一步提到了蝴蝶、美人、软翅子大凤凰、大鱼、大螃蟹、大红蝙蝠、大雁。其中大雁风筝还是一连七个的一串，还有"门扇大的玲珑喜字带响鞭，在半天如钟鸣一般"（《红楼梦》第七十回）。民间出现不少放风筝的高手，一些小青年热衷于一种互相争斗式的风筝比赛，就是想尽办法让自己的风筝将对手的风筝线绞断。在《武林旧事》这本书中，将这种斗风筝的热闹场面描写得入木三分。宋徽宗极为喜欢放飞风筝，他放的风筝有时会落到城外平民百姓家（王明清《挥麈录》）。历代以来，无数人墨客写下了无数咏叹风筝的诗歌，像宋代名相寇准就写有："碧落秋方静，腾空力尚微。清风如可托，终共白云飞"（《纸鸢》）。清朝后期的大文学家曹雪芹也是一个制作风筝的行家，他的好朋友敦敏在自己家里收藏着曹雪芹扎制的各色各样的风筝，"罗列一室，四隅皆满，致无隙地，五光十色，蔚然大观"（《瓶湖懋斋记盛》）。不仅如此，曹雪芹特别研究了有关风筝扎、糊绘制造工艺与放飞技艺。撰写了专论风筝制作技术的著作——《南鹞北鸢考工志》。一个博古通今的大文学家，能对士大夫们鄙视为雕虫小技的风筝进行这样认真的研究，在当时实属不易。难能可贵的是，曹雪芹作《南鹞北鸢考工志》这本书并非出于一时兴致，而是"将以为今之有废疾而无告者，谋其有以自养之道也"。也就是说，让那些身有病疾而没办法医治的残疾人，能够学会制作风筝的手艺，独自可以维持生活。

由于人们风筝必须选择相对空旷的草原或田野间，那里空气清新，使人能够心情舒畅，因而，放风筝是一件对人的身心建康很有帮助的娱乐活动。除此以外，放风筝需要全身配合有度，腿要走，手要拉，头要仰，臂要挥，全神贯注。聪明的古人早已得知小孩在放风筝时，仰着张口，可散发内热，去病除灾（《续博物志》）。就是大人在放风筝时，也会有返老还童的心境，"忘情忧乐，不复知老之将至矣"。

古代民间还存在一种放断线风筝的习俗。就是等风筝尽可能高地升入高空后，剪断放飞线，让高空的气流携带着风筝，飞得越远越好，最后消失在碧空中。这样做的意思是让病痛、灾祸和所有不幸统统随着断线的风筝一去不返。《红楼梦》中多病的林黛玉就希望用风筝来"放放晦气"，周围的人也劝她多放些，"把你这病根儿都带了去就好了"（《红楼梦》第七十回）。我国东北朝鲜族地区也有相似的习俗，俗称"放厄鸢"。那里的儿童、少年每年年初就开始放风筝了，到十四或十五日，在风筝上写上种种不吉的话，涂抹上虎、狮、鬼等狰狞恐怖的图像，在风筝的一角署上自己的名字。天黑之后，将风筝高高放起，然后用火烧断风筝线，于是种种厄运也就自认为随风消逝了。

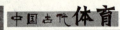
知识链接

小风筝，大用场

小小的风筝在古代中国有时还派上了大用场。传说汉高祖刘邦手下的大将韩信在谋反时，准备掘地道，从地下进攻未央宫，曾以放风筝测量未央宫的距离（宋人高承《事物纪原》）。南北朝时梁武帝太清三年（549年）年侯景谋反，将台城团团围住，无人可出。城里的萧纲（即后来的梁简文帝）就把书信拴在纸鸢上放出，求救兵（唐李冗《独异志》）。唐德宗时，节度使田悦等叛乱，临沼守将张伾被围，没有办法，只好"以纸为风鸢，高百余丈"，将告急书信送到援军中从而解围（《新唐书·田悦传》）。

7. 荡秋千

在我国古老的体育活动中，荡秋千也属于其中一项。荡秋千的起源很早，据说远在早期猿人社会时期，古人为了生存，在树木间采摘果实，常常需要在树枝上飘来荡去，由此发明了荡秋千活动。根据《古今艺术图》的记载，古时候的荡秋千活动发源于生活在北方的一个名为山戎的少数民族地区。荡秋行这项娱乐活动尤受山戎族人的喜爱，他们常常在荡秋千活动中，不知不觉地培养出矫健且敏捷的战斗素养。到了春秋时期，齐桓公在与山戎人对战后，将落秋千活动引进中原地区。山戎族人非常喜欢荡秋千，用秋千来培养人的矫健、敏捷等这些尤为重要的战斗素质。这项活动的名字为什么叫"秋千"？唐代人高无际对秋千的解释是千秋的意思。汉武帝一直希望自己能长生不老，所以汉家的后宫都喜好秋千游戏（《汉武帝后庭秋千赋》）。《湘素杂记》也指出，秋千是汉武帝后宫中的一种游戏，原本叫"千秋"，是祝寿之词，后来误传为"秋千"。

古代时期，荡秋千活动不仅能够消除疾病，还能让养在深闺中的女孩们获得出门游玩的机会，因而为广大人民群众所推崇。秋千从唐代开始就成为一种极为普及的体育游戏，就像杜甫在一首诗里写的"万里秋千习俗同"（《清明二首》)。荡秋千主要是在春季进行,寒食节、清明节前后是人们荡秋千的大好时光。唐代诗人王维在一首描写寒食节景象的诗中就写到了蹴鞠踢得比飞鸟高,在春天垂柳深深的季节里,无数女孩在玩荡秋千这项娱乐活动。"蹴鞠屡过飞鸟上,秋千竞出垂杨里"(《寒食城东即事》)。长年累月幽居皇宫的宫女们也总是在休闲无事的时候玩着荡秋千,尤其在寒食来临之际玩得更为欢乐。这种忽上忽下,在彩云端、树枝头飘飘荡荡的游戏,使人产生一种飘飘欲仙的感觉,因此唐玄宗和宫女们又把它叫作"半仙之戏"(《开元天宝遗事·半仙之戏》)。唐朝时期,玩起荡秋千的少女们尤为胆大,丝毫不见半点忸怩拿捏的娇羞之态,只见她们"身轻裙薄

现代游乐场的秋千设施

易生力,双手向空如鸟翼",一直要把秋千荡到与高树齐平,即使头上的宝钗坠落也毫不在意(王建《秋千词》)。有时还乘着月色在夜晚荡秋千,"夜半无灯还不寐,秋千悬在月明中"。南朝宗懔在《荆楚岁时记》中也写道,春季,长长的绳子悬挂在高大的树木上,身着鲜艳服装的姑娘坐在上面上下飘荡。

　　寒食节、清明节前后,荡秋千在明、清两代的妇女中依然非常盛行,哪怕到了兵荒马乱的时期,山东农村的妇女们仍然按照习俗,在寒食节荡秋千(李开先《观秋千作》)。就是这样,延续千年的荡秋千习俗,给古代中国的劳动妇女增添了许多乐趣。

 8. 拔河

　　"今岁好施钩,横街敞御楼。长绳系日住,贯索挽河流。斗力频催鼓,争都更上筹。春来百种戏,天意在宜秋。"唐代大臣张说的这首《奉和圣制观拔河俗戏应制》诗,形象地描绘了武则天当政时民间盛行的拔河活动。

　　拔河,在中国古代最初又称牵钩、强钩,是一种非常吸引人的民俗游乐体育

活动。相传兴起于春秋战国时期,其起源和军事训练有关。春秋末年,楚国在攻打吴越之前,为了练习水战,就以这种"牵钩"来训练士兵。这种牵钩当时主要流传于南方楚国的襄汉一带。最初是用竹皮做成一种竹索,在水战中用这种器具,使敌船在前进时不能贴近自己的船,而在敌船战败想逃脱时,又可以钩住敌船,这样两船在大江大河上你拉我扯,互相纠缠在一起,将士就可以大显身手,非得杀出个胜败来才肯罢休。拔河就是从楚军这种用牵钩对拉的军事训练中演变而来。后来,当地老百姓就学着军队的样子,在陆地上用绳拉扯,于是拔河就逐渐地发展成为一项民间体育活动。拔河活动先盛行于南方,以后又传到了北方,并成为元宵节和清明节的节日娱乐活动,用拔河来祈祷丰年。

拔河活动在唐代盛极一时,达到了空前的规模。唐代人封演在《封氏闻见记》中,对当时盛行的拔河活动描述说:今天的老百姓,在拔河的时候,已经不用竹索了,而是用大麻绳。这种大麻绳长有四五十丈,两头还拴着几百条小麻绳。人们把麻绳挂在胸前,分成两队相互拉好。在大麻绳的中间,立一面大旗作为界限。比赛开始之后,双方擂鼓呼号,最后以牵动对手者为胜。其参加人数之多、竞争的气氛之热烈都是后来各代望尘莫及的。拔河特有的热烈气氛、激动人心的宏大场面,使其成为深受各个阶层喜爱的一种节日娱乐活动。710年的清明节,唐中宗李显曾叫他周围的文武百官们在一起拔河。当时也是用一根大麻绳,两头拴十几根小麻绳,每根绳上都有9个人牵拉,规定失败6次为输。宰相和驸马们被分在东边的一组,其余将相站在西边的一组。一声鼓响,两边齐力拉绳。开始时双方还僵持了一会儿,怎奈将相这一边多是上了年纪的人,结果绳子一下子被对方拉过去三四尺,仆射和少师两个人随绳跌倒了,很久没有起来,引得中宗和周围的人们大笑不止……

唐代还有女子拔河。景龙二年(708),唐中宗就曾率领大臣在玄武门观看宫女拔河。景龙三年(709),唐中宗又让几百名宫女于玄武门外举行拔河比赛,赛完之后,又让她们去游宫市,结果几百名宫女都乘机逃跑了。

唐玄宗时,为了"以求岁稔",更为了"耀武于外",曾举行了一次盛大的拔河比赛。其参加者千余人,呼声动地,观看者莫不惊骇。当时的进士薛胜为此写下了著名的《拔河赋》,绘声绘色地描写了这次盛大的拔河活动,体现了唐王朝泱泱大国的风采。在比赛期间,还有胡人外交官在座观看,唐玄宗也意欲在其面前显示大唐朝的威风。这也反映出体育比赛的气势自古以来就是显示国力的一种方式。

唐代以后,拔河活动主要在民间广泛开展,但像唐朝这样大规模的、不同种类的拔河比赛在以后各代却很少见到了。不过，作为一种民间的节日娱乐活动形式，拔河在各地一直流传至今。在一些民间的娱乐活动中，拔河还是人们普遍喜爱的形式之一。

 9. 元宵观灯

元宵，即农历正月十五日夜。正月十五日，又称上元节，是古代祭祀"太一"的节日。在汉代，按照当时的规矩，夜间是禁止人们在街上行走的，只有正月十五的上元祭祀才能"放夜"，也就是取消宵禁，于是人们便相邀点灯出游。元宵燃灯，就是在这种祭祀活动的基础上发展起来的。

唐代，元宵点灯已逐渐成为一种定制，即所谓"金吾不禁夜"。由于家家相邀点灯，因而整个元宵之夜，彩灯点点，异彩纷呈，气势壮观宏伟，而人们的观灯行为就成了一种极有趣味的游乐活动。当时的元宵观灯活动，主要是在每年的正月十四、十五、十六日三夜。这是一年各种节日中参加人数最多、流行地域最广的游乐活动。这几天华灯怒放，官民同游，地不分东西南北，人不分男女老少、豪门贵族和平民百姓，人人浓妆艳抹，结伙成群上街观灯。四处车水马龙，欢声笑语不绝，一片壮观绚丽的热闹景象。

唐代元宵观灯是一项全民性活动，就连长年深居内苑的宫女，也允许到大街上与老百姓一起狂欢歌舞。景龙四年(710)正月上元夜，唐中宗李显耐不住宫中寂寞，脱下龙袍，跑到大街上"与皇后微行观灯"。至唐玄宗开元时，观灯达到了鼎盛时期。据《明皇杂录》所载，从东都到上阳宫，装点腊灯和缯彩为灯楼30间，高达150尺，上面垂挂珠玉饰物，每当微风吹来之时，"铿然成声"，所装饰之彩灯皆成龙、凤、虎、豹的形状。其规模之盛，的确可称得上中国古代最大的灯会了。

在元宵节观灯的同时，人们还开展了多种形式的文体活动。其中最引人注目的莫过于"踏歌"。这种活动"连手而歌，以足踏地为节奏"，边跳边唱，载歌载舞，是一种文娱与体育相结合的娱乐形式。这种欢乐热烈的观灯盛会，深受人们的喜爱，同时也为不少文人墨客提供了素材。如时人熊孺登的"汉家遗事今宵见，

元宵花灯

楚郭明灯几处张。深夜行歌声绝后,紫姑神下月苍苍",就是描写元宵观灯盛况的一首脍炙人口的诗作。

唐代以后,元宵观灯的习俗长盛不衰。宋代,初具规模的开放性城市生活,给观灯活动奠定了一个良好的基础,如北宋观灯活动中,灯的形式更为丰富,有一种被称为"鳌山灯"的元宵灯,是把许多盏灯堆叠成山形,"六鳌海上驾山来",作为一种吉祥的象征,更增加了观灯活动的趣味性。

明代中叶前后,我国南方城市出现了资本主义萌芽,商品经济的发达,进一步促进了城市的繁荣,社会上喜游赏、好玩乐之风很盛。元宵观灯这一民俗游乐活动,至此更为昌盛。全国各地到处兴起了观灯热潮,出现了闽灯、苏灯、浙灯、京灯等不同的形式,而每种内又分为不同的类别,如苏灯即有"像生人物"类、"花果"类及"百族"类。

明清时的北京,为配合元宵观灯活动还形成了专门的销售元宵灯的"灯市",至今尚有"灯市口"这一街名。京师的观灯会,其周期较以往为长,通常集贸易和各种游乐于一会。届时,凡繁华之所,多有灯会,火树银花,热闹景象,难以描绘。直到今天,元宵观灯会仍旧作为一项重大节日。

知识链接

绚丽多姿的唐代花灯

唐代的灯,绮丽多彩,形式多样。有一种叫作"火树"的灯,是在长木杆上组装许多纵横交错的支架,在每根支架上悬挂大小不同、形状各异的彩灯,形成似伞一般的圆锥形。而一种称作"山棚"的灯,比"火树"的规模还要大。它是将"火树"加以扩大,做成高达百余丈的藤棚状高台,在台上再建蓬莱、方丈、瀛洲等传说中的神山,并装上彩灯,点燃灯火后,就像一座灯山。唐玄宗天宝二年(713),在安福门外竖立的大灯,高达20丈,上面"衣以锦绮,饰以金银",装上五万盏彩灯,点燃以后如白昼一样,百里之内都可看到。"火树"、"银花"连成一片,灯树、灯花连绵不断。

10. 投壶

投壶，是中国古代一种由射箭演变而来，由投壶人站在离壶一定距离的地方，把箭投向壶中来计算筹（得分）的多少以定胜负的休闲娱乐形式。

投壶活动起源很早，先秦时期即已流行，《礼记》曾有这样的记载："投壶之礼，主人奉矢，司射奉中，使人执壶，主人谓：'某有枉矢哨壶，请以乐宾。'"然后宾又客套一番，最后经过一番礼让，才开始投壶。说明"投壶"是古代主人宴请宾客的一种休闲娱乐活动。由于其礼仪繁琐，所以为投壶服务的竟有十余人之众。投壶所用的器具除壶、矢之外，还包括各种盥洗用具和酒樽之属。可以说，投壶在早期是一种礼仪特点较浓的休闲娱乐形式。

宋代，传统的投壶形式较为盛行，但是，司马光对当时流行的投壶意见很大，认为传统的投壶玩法不合礼制，多为奇巧侥幸的投法。于是，他对投壶进行了符合封建礼教的改革，撰写了《投壶新格》，用以宣传封建道德与封建礼治，巩固封建秩序。此书对古代的投壶活动作了总结，对投壶的意义和规则作了详细的阐述。司马光认为投壶虽是一种休闲活动，但亦是圣人用来教育人们修身治心的"礼"，它可以"养志游神"，解决疲劳，并且可以"合朋友之和"，"饰宾主之欢"。此书对投壶的礼节、用具和规则等都作了详尽的规定，比如，第一箭投入壶中，名"有初"，作十算（计算每人投中数目的小棍）；最初投入壶耳，名叫"贯耳"，作十算；投箭倒入壶中者，名"倒中"，旧为一百二十筹，司马光认为不合礼仪，改为无筹……《投壶新格》中所载的投壶规制一直被后代所遵循。到了明清，投壶无论在民间，还是在宫中，无论是中原地区，还是北方的少数民族地区，都还在流行，并且出现了多种式样的投壶。但在投壶的方法方面，宫廷与民间的纯娱乐性质迥然不同，他们总是借投壶来提倡尊卑揖让的封建礼仪。今北京中山公园（明清时社稷坛）内有"投壶亭"，为明清两代帝王在此投壶演礼的地方。现今公园内还保存着六只明清时代的铜质投壶。中国体育博物馆也藏有几只投壶，都是明清时期的用具，真实反映了这一时期投壶活动的流行情况。

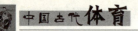

第三节
特殊群体的体育爱好

 妇女、老人、儿童的体育活动

1. 古代妇女的"体育节日"

一提起古代妇女，人们眼前立刻会浮现出她们三寸金莲、瘦腰削肩、深闺紧闭一类的形象，她们怎么还会有自己的"体育节日"呢？其实，这只是一种比喻，尽管古代妇女通常是"大门不出，二门不迈"，但还是有一段日子可以比较自由地参加户外体育活动。每年三月的上巳和寒食节、清明节前后，她们可以外出踏青、湔裙、赏花、斗草、打秋千、放风筝、蹴鞠、射鸭、下棋、走马……唐代长安"士女游春野步，遇名苑则藉草而坐，解裙四围遮绕"（《开元天宝遗事》）。清代苏州"妇女至春时入庙，以烧香为名，遍处遨游，成群嬉玩，脂粉狼藉，细鸟零落。高门、蓬户，莫不皆然。"（《书隐丛说》）以上足以反映寒食、清明时节妇女体育之盛。

这种情况是怎样形成的呢？古代曾有一个流传很广的神话故事。远古时候，正当春回大地之时，有几个妇女到河里洗涤，一只燕子从她们头上飞过，突然掉下一只鸟蛋。一个妇女拾起吞进肚里，她因此怀孕了，后来生下一个男孩儿，据说这个孩子就是商人的祖先。周人把这个妇女当成高禖神来祭，以为祭了她就可以保佑生儿子。于是，每到三月上巳燕子飞来之时，帝王就到郊外河边的高禖神庙去祭这位司婚姻和生育的女神，后宫嫔妃们还要模仿这位女神的行为到河里走或洗浴，争着拣吃从上游漂下的彩蛋或红枣，以为这样就可以保佑生男孩儿。踏青、斗草、泛舟、射鸭等成为连带举行的活动。

泛舟

当然,这只是古人的猜测和想象。实际上,远古人们在冬天久居室内或洞穴之后,一旦春回大地,来到大自然中嬉戏、洗浴是很自然的事。这是春耕的时节,也是青年男女择偶婚配的好时机,与婚姻女神并无联系。但是,如果没有这样一位臆造的高禖神的保护,在封建束缚严重的古代,妇女们又怎能获得这到户外自由活动的宝贵权利呢?

汉魏以前,这种活动都在农历三月的第一个巳日(巳是地支数的第六位)举行,魏以后改为农历三月三日。寒食、清明都在这天前后不远,唐代以后,这种活动逐渐扩展到寒食、清明前后的一段时间。活动的内容逐渐扩大,拔河、荡秋千、放风筝、蹴鞠、自打毽等都被包容其中,体育成了活动的主体。因此,把这段时间称为古代妇女的体育节日是不算过分的。

陈维崧的秋千词反映了清初妇女在大好春光里兴高采烈玩耍的情形。她们玩得那样忘情,连头上的钗子什么时候掉在地上都毫无知觉。

水调歌头 咏美人秋千

陈维崧

昨夜湔裙罢,今日意钱回。粉墙正亚朱户,其外有铜街。百丈同心彩索,一寸双文画板,风飐绣旗开。低约腰间素,小摘鬓边牌。

翩然上,掠绿草,拂苍苔。粉裙欲起未起,弄影惜身材。忽趁临风回鹘,快作点波新燕,糁落一庭梅。向晚半轮玉,隐隐照遗钗。

 2. 古代的老年体育活动

适当的运动可以改善和增强人体各部分器官的机能,延缓它们的衰老过程,延长人们的寿命。这对老年人来说尤其重要,古人对此也早有认识。人们十分熟悉的那位劝说赵太后不要过分溺爱子女的触龙,他就是一位很有毅力的老年体育积极分子。尽管他年老体弱、腿脚不便,但他却坚持每天步行几里,从而改善了自己的健康状况,收到了"少益嗜食(食欲增进),和于身(身体感到舒畅)"的效果。相反,那位养尊处优的赵太后却由于不爱运动而吃睡不香。触龙的事例表明了我们的祖先很早就知道用运动的办法来和衰老作斗争,并且很重视老年体育问题。《黄帝内经》等古代典籍对不同年龄人的生理特点作了阐述,提出了适当的养生原则。唐代名医孙思邈也曾在其著作《千金方》中专题讨论了老年保健和养生问题。

除了慢走外,古代老人养生常用的办法还有垂钓,登山、郊游、下棋、泛舟、舞剑、打拳和气功、导引等。

南宋的伟大爱国诗人陆游的健身方法有其独特之处。诗人不但直到年逾古稀仍坚持散步、登山、钓鱼等活动,常常"饱来扪腹绕村嬉,北陌东阡信所之……东走郡城逾十里,好风劳送角声悲"(《晚行湖上》),而且常常和儿童在一起嬉戏,骑竹马,放风筝,鞭陀螺……做些力所能及的家务劳动,使自己的精神和身体都保持健康。诗人能活到85岁高龄,一生创作的诗歌多达万首,和他一生坚持锻炼很有关系。他在84岁时写的一首题为"书意"的诗,反映出老人对人生的积极乐观态度,代表了古代老年养生的积极主张。

书 意

陆 游

整书拂几当闲嬉,时取曾孙竹马骑。

故故小劳君会否?户枢流水即吾师。

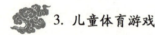

3. 儿童体育游戏

儿童时期,是一个人一生中最无忧无虑的时期。在儿童的眼里,全世界都是游乐场,他们时刻准备着投入游戏的世界中去。儿童正是在这千奇百怪的游戏中,学会了对未来人生的准备工作。他们不仅模仿大人们的体育活动方式,像荡秋千、踢足球,而且通过自己丰富的想象力,更是创造出名目繁多的小游戏。早在唐朝,儿童就有非常丰富的体育活动,如藏钩、捉蜘蛛、粘蝴蝶、骑竹马、口接抛果、爬树、掏鸟窝、打泥弹、踢球、积木、垒石等等(路德延《小儿诗五十韵》)。在此之后,儿童体育游戏又增加了许多,其中,很多游戏不知发明何处,也不知流传何方。但是它们的确得以传承了下来,甚至不少大人们的游戏也是在儿童游戏的基础上加工而成的。儿童体育游戏体现出一定的季节性和时间性,在什么时候该玩什么游戏,都有约定俗成的规律性,像是清代北京一首儿歌中唱的"杨柳青,放空钟(空竹);杨柳活,抽陀螺;杨柳发,打柭柭(游戏时先用手中木棍将放在地上的纺锤形的木块击起,在空中向远处的目标击去);杨柳死,踢毽子"(《帝京岁时纪胜》)。下面简要地介绍抽陀螺、踢毽子和跳绳。

（1）抽陀螺

陀螺,用实心木头做成,呈小钟形状,游戏时用鞭子抽打,使它快速旋转,这是一款适合儿童在冬季和早春时节进行的游戏。早在四五千年前的仰韶文化遗址中,就已经挖掘出陶制的小陀螺,这很可能就是当时人们的一种玩具,至于是否需要用鞭子抽打就不清楚了。历代以来,古老的陀螺游戏陪伴太多人的儿童时光。《帝京景物略》比较详细地记录了崇祯年间这种游戏的形制、器材、游戏方法。陀螺有各式各样的类型。其中有一种可以发出声音,叫作"鸣声陀螺"。这种陀螺在公元931年以前就传到了日本、朝鲜。日本承平年间(931—938年)出版的《倭名类聚抄》已有记载。日本最初翻译成为"辨色立成",后来翻译成"唐独乐"。"唐"指中国,"独乐"与"陀螺"的字音相近。日本学者考证出,唐独乐是从中国经朝鲜传入日本的,在平安朝以前到德川幕府末期这种游戏受到人们普遍喜爱,现在仍然非常流行。

（2）踢毽子

在古代中国,用脚踢的体育活动中,就包含踢毽子活动。早在1500多年前的北魏时期,少林寺的第一代住持、印度来的高僧佛陀在洛阳游历时,就看见一个12岁的小男孩站在高高的井栏上十分灵活地踢毽子,一口气踢了500下。佛陀很震惊,就收了这个男孩做他的住室弟子,这就是后来著名的少林高僧慧光(《续高僧传》)。不过,慧光当时踢的毽子不同于后来人们用鸡毛与铜钱制作的毽子,但也称得上是毽子的雏形。鸡毛毽在宋朝时候的民间才悄然兴起。城市里出现了专门制造毽子的手工作坊(《武林旧事》)。孩子们三人一伙,五人一群边走边踢。宋代个人技巧性的足球已达到相当高的水平,出现

儿童踢毽子

了各种各样的踢法,这对踢毽子产生了深远的影响。踢毽子的技术也日益变得复杂,名堂也越来越多,不仅用脚,而且用膝、用肚,甚至用头顶。按照身体部位的不同和不同的踢法,出现了各种花样,像什么里外廉、耸膝、突肚、拖枪、佛顶珠、剪刀、拐子,等等。这些踢法与古代中国足球"白打场户"中的踢法类似,所以,宋代人高承在其著作《事物纪愿》中指出,踢毽子和踢足球之间存在密不可分的关系。

踢毽子游戏在明清时期非常流行,此时,它已经不是儿童的专利,还成为许多妇女钟爱的体育活动,时人称之为"攒花",深闺中的女子因此而获得了许多乐趣。她们换上轻便的短装,常常不知疲倦地踢到夕阳西下(《清代北京竹枝词·百戏竹枝词》)。小小的毽子甚至在皇宫中日益盛行,成为宫女们空闲时用来消遣的游戏。光绪皇帝的瑾妃就是踢毽子的高手。

清朝时期还出现了以踢毽为生的江湖艺人,这些人技艺高超,表演起来手舞足蹈,连贯流畅,毽子在他们的头上、脸上、后背、前胸、脚上、全身的各个部位盘旋飞舞,像是花团锦簇,妙不可言(《帝京岁时纪胜》)。

在我国广西侗族地区流传着一千多年的踢毽子游戏习俗。不过她们玩毽子并非用脚踢,而是用手打,叫哆毽。据说这项活动的灵感来自于插秧中一抛一接的扔秧活动。宋代末年,人们已用稻草扎成的小球相互抛接,到元朝发展为哆毽。侗族的毽子有青草毽、稻草毽、芦苇毽和鸡毛毽等多种样式。比赛以打得高、远,接得稳、落地少为佳。打法多种多样,有男单、女单及一二十人的集体打。

传承到今天的毽子活动,已经发展成为一种十分正规的体育比赛项目——毽球。它有一套严格的比赛规则,运动员隔网将毽子踢来踢去,时常能够表演出超高难度的动作,对练习者的协调性和灵活性有很高的要求。因为需要的场地不大,器具简单,这项体育活动在我国许多中小学校已十分普及。

(3)跳绳

在农历正月时期,跳绳是儿童最喜爱的一种娱乐活动。因为跳绳游戏远看像是一白色的光轮,近看又恰似很多条绳上上下下,所以古代中国人将跳绳叫"跳白索"或"跳百索"。沈榜对明代元宵节时儿童们的跳绳是这样描述的:两个孩子对牵一丈多长的长绳,飞摆不定,让人目不暇接,看起来好像有一百条绳索。一群孩子们乘着绳子的摆动,轮流跳入,能跳过去的为优胜,跳不过去的或让绳子绊住了腿的,就得让掌绳人用绳子打一下,

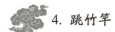
跳绳游戏

以示惩罚,这就叫作跳百索(《宛署杂记》)。儿童们往往一边唱着愉快的歌谣,一边跳出各种花样。每逢正月初一或元宵节时,穿着鲜艳衣服的儿童们欢快地跳绳,这给节日带来更多的气氛。就像一首诗里描绘的"太平鼓,声冬冬,目光如轮舞索童。一童舞索一童唱,一童跳入光轮中"(《松风阁诗抄》)。跳绳这项体育活动的好处不仅体现在能够提高人的灵敏性、协调性以及弹跳力,而且能够很好地改善人的内脏功能。

4. 跳竹竿

与跳绳在运动方式上非常类似的另一种跳跃运动是跳竹竿。跳竹竿属于我国海南黎族男女青年十分喜爱的传统体育娱乐项目。逢年过节,农闲之时,就在村寨的场上摆上竹竿阵。在两根平行放置的粗长的竹子上,横置八根竹竿,竿间保持一定距离。游戏的人分为摆竿的和跳竿的两组。摆竿的有八人,两两相对,跪在地上,左右手各持一竿,在锣鼓和乐器的节奏中,摆动手中的两根竹竿,使之时开时合。跳竿的人则轻盈灵活地在这开开合合的竹竿阵中跳来跳去,旋转舞蹈。而在一旁围观的村民们则热情地为跳竿者叫好加油。随着鼓

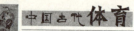
乐的节拍越来越急促,竹竿摆动开合的节奏越来越快,腿脚不灵、反应迟缓的一个个被竹竿夹住脚踝,被扔出场外,淘汰出局。能一跳到底、顺利过关的都是身手矫捷、技艺超绝的男女青年。于是,能够成为小伙子或美丽的姑娘们芳心暗许的对象之人,往往是跳竹竿的优胜者。

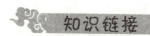

青梅竹马的由来

一手握住竹竿或木棍的一端,一手挥鞭或木刀,胯下的竹竿随着儿童的蹦蹦跳跳的马步逶迤前进。这种为男孩子们所喜爱的骑竹马游戏的产生,大概与从西汉开始兴起的骑兵有直接的关系。骑兵们金戈铁马、驰骋如飞的英姿成为男孩子们模仿的榜样。《后汉书·郭伋传》写道,当郭伋做了并州州官,前去上任时,走到黄河北边的美稷县城时,有好几百个儿童骑竹马在路边迎接。两晋南北朝时,七八岁的孩子们也很喜欢这种游戏(张华《博物志》)。唐代的李白也曾在他的诗歌《长干行》里写道"郎骑竹马来,绕床弄青梅"。说的是,一个男孩骑竹马去找一个小女孩玩青梅,以后人们常用"青梅竹马"形容青年男女从小培养起来的纯洁感情。

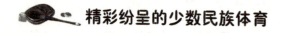

精彩纷呈的少数民族体育

自古以来,我国就是一个多民族的国家。边疆各少数民族与中原汉族在经济、文化等方面虽然有着交流和融合,但始终保持着自己独特的生活和运动方式,中华体育文化因而显得更加绚丽多彩。

捉郎是宋朝湖南湘江流域某少数民族的一种结婚风俗。这种风俗形成于何时不太清楚。在春社(立春后第五个戊日,在春分前后)这一天,人们祭祀土地五谷神后,在土地庙的高大树林里饮酒、唱歌、击鼓、舞蹈,这时青年男女便自由选择对象,姑娘看中了小伙子就追,捉住了当即成婚;到第二年春社前夕,夫妻双双回女方家里看望父母。这种风俗,特别是男奔女追的"提郎"方式,既有浓郁的民族色彩,也有一定的体育意义。它实际上反映了该民族在婚姻问题上对女方身体状况、劳动能力等等方面的严格要求。在这个少数民族中,姑娘都有健壮的体质、有奔跑的能力。

有意思的是,类似于古代这种"捉郎"的婚俗,在今天我们仍然可以看到。哈萨克族中流行的马术游戏"姑娘追"与古代"捉郎"就十分相似。"姑娘追"先由小伙子骑马奔驰追姑娘,向她求爱;到达一定地点后,再由姑娘追小伙子——姑娘如果拒绝小伙子的求爱,回来的路上就用马鞭打他,如果接受小伙子的求爱,就只响鞭子不打人。男女青年往往通过这匹骏马奔驰互相追逐活动,找到自己称心如意的情侣。

我国境内有众多的少数民族居住,这些少数民族有自己独特的婚嫁风俗,而青年男女之间的定情往往在各自传统节日的文娱体育表演和比赛中进行。因此,从这些风俗中,我们可以了解少数民族独特的体育运动形式。

例如:

藏族每年秋季为期七天的"洗澡节",男女老少下水游泳、嬉戏,青年人则在游泳和嬉戏中寻找伴侣,谈情说爱。

广西壮族的"歌墟节",男女青年互相用歌盘问,然后进行"抛绣球"游戏,相爱的人借机互赠礼品。这种游戏宋代已有记载。

傣族的"泼水节",泼水之前,男女青年常在村边广场"丢包"(包为装满棉子的菱形布包),相爱的人则互相投掷。

蒙古族过"白月"(古称白节,即春节),年初一,男女青年进行赛马,互相结识……

少数民族的婚嫁风俗往往含有关于体育的内容,使中华体育更加绚丽多姿。这些独特的体育活动形式,不少还沿传至今。我们一起了解以下几种体育活动:

 1. 台湾山胞的体育活动

在美丽富饶的台湾岛上,很早就生活着总称为高山族的山地同胞(简称山胞)。多山的环境和渔猎生活,造就了他们出色的登攀、长跑能力和射箭、掷枪的本领。据记载,他们的奔跑速度可与骏马比高低,而且能够整日奔跑。姑娘在选择对象时,也把善跑作为一个条件。居住在台湾雾台县的鲁凯族(山胞的一支)连迎亲仪式也离不了长跑。在迎亲的日子里,新郎和迎亲的队伍跑到新娘家门口,待新娘家发出表示同意的喊声后,新郎递上聘礼,然后"抢"过新娘背上就跑。跑到举行婚礼的广场后,还要在歌舞声中背着新娘跑上两圈,再举行婚礼祝福的仪式。然后,新郎背着新娘跑回家中,婚事才告结束。

山地同胞的其他体育活动大多数和渔猎生活有关。他们精于射箭,又喜用镖枪,10米左右百发百中。儿童们自幼练习赛跑,10岁以上就开始学习射箭、掷枪。和掷枪多少有些联系的一种高山族独有的活动是竿球戏。这种竿球戏起源于山胞的竹竿祭——原是用来占卜凶吉的,现已演化为一种体育活动。竿球戏用的球是藤丝编成的,大如瓜,轻如棉。玩时众人手执一两丈长的竹竿,竿头削尖,先由部落酋长的弟弟把球抛到空中,众人争着用竹竿去刺。谁的竿尖没有刺进藤球而让球落下来了,谁就要被罚酒。山胞的某些部落(如排湾族)仍然用竹竿祭来预卜吉凶。他们由28个人手执长竿(竹竿事先经过祭祝),去刺甩在空中的10个藤球(五吉五凶)。除此之外,高山族同胞还喜欢游泳,妇女能歌善舞,喜欢荡秋千。

 2. 藏族的体育活动

藏族体育活动有着悠久的历史。7世纪时已有唐、蕃(藏族自称)举行马球赛的记载。建于7世纪的拉萨布达拉宫和大昭寺,其壁画就有摔跤、赛跑、游泳等内容。18世纪初的著名藏文传记文学《颇罗鼐传》更有关于在庆祝活动中举行跳远、撑竿跳高、举石鼎、射箭、掷枪等活动的介绍。大约从1409年起,每年藏历一月,都要在布达拉宫前举行连续多日的盛大游艺体育活动。藏历元旦,达赖喇嘛在布达拉宫设宴,让数十名儿童跳舞;初二,在布达拉宫后峭壁表演飞绳(溜索),男女表演者双手执白旗,胸束生牛皮套,套住系于宫墙和山下石柱间的皮绳,飞身溜下;初三,在谛穆佛寺前表演翻竿(爬竿);二十五日,表演赛马和赛跑、马术等。藏族还有一种独特的响箭,箭射出后在空中发出悦耳的响声。在藏历新年、春节和夏季,各地藏胞都要举行射箭比赛,中者奖给哈达,两箭不中者罚酒一杯。藏族中较普遍开展的体育活动还有摔跤,各地定期举行比赛。妇女也喜欢摔跤,至今四川藏族妇女中摔跤仍很普遍。

赛马表演

 3. 新疆各族的体育活动

　　生活在祖国西北的新疆各族人民,自古以来就以其绚丽多彩的歌舞和精湛的骑射技术闻名于世。远在汉、唐时,西域歌舞和通过西域传入内地的西方歌舞、杂技等,就博得了汉族人民的喜爱。初唐盛行的《十部乐》中,来自西域的歌舞就有七部。其中的《康国乐》(俗称《胡旋舞》)更是风靡一时,宫中街头,常有人跳这种"急转如风"的舞蹈。隋唐时,因西域乐舞在民间太为盛行,朝廷曾数次下令禁止,然而正如白居易所叹的那样,"五十年来制不禁"禁而不止。

　　除了舞蹈,古代新疆各族的其他体育活动也很丰富。如汉晋时龟兹人每年七月初以"羂索(套索)、搭钩捉人为戏……七日乃停"。羂索对后来武术中的套索、飞抓、绳镖等的形成有一定影响。新疆的赛马、叼羊、射箭、摔跤等活动历代也十分盛行。还有一种独特的走索,在维吾尔族中很流行——它的独特之处在于横索架得很高,略带倾斜,表演者手拿长竿(也可不拿)在索上表演各种动作。清代福庆的《异域竹枝词》中就记载了这种走索:

异域竹枝词二首

福 庆

清歌妙舞

清歌妙舞玉人妆,绮席初于出侑觞。

试问边庭羁旅客,春风可忆杜韦娘?

高架双竿

高架双竿与屋平,铜绳盈丈两头横。

持裙莫漫留飞燕,看取凌风蹑影轻。

4. 伏虎射猎的契丹妇女

契丹社会较长时期地保留着浓厚的母系氏族社会遗风,妇女享有比汉族妇女更多的行动自由。同时,长期以牧、猎为主的经济生活方式也使契丹妇女有较多野外活动的机会,她们还和男人一样,常常驰骋在战阵猎场上。

契丹族以骑、射等为体育和娱乐的主要形式,这也反映出生产方式对于体育运动的影响。契丹建辽以后,仍保留着射虎的习俗。农历每年九月九日,天子率领群臣、部族在京城附近举行射虎活动,皇后、妃子也一道随行。辽道宗耶律洪基(1055—1101)的皇后肖观音在随同伏虎射猎后写了一首诗,从诗中既可以看到当年辽国的赫赫声威,也可以看到契丹妇女的勇武精神:

七 绝

肖观音

威风万里压南邦,东去能翻鸭绿江。

灵怪大千俱破胆,那教猛虎不投降。

除此之外,契丹杂技——投坑也较为著名,表演时在地上竖一长竿,竿头系有一把椅子,表演者爬上长竿,坐在椅子上,然后往下跳,准确地落在竿前地面的一个小坑中。这种表演既要有勇气,又要有技巧。由于竿子很长,所以表演时非常惊险,摔死艺人的事时有发生。

投坑伎的由来已难探寻。相传宋徽宗宣和年间(1119—1125 年),在从辽方手里收复的燕山(今京津一带)首次发现了这一技艺。由此推测,它可能是契丹族的一种传统体育杂技。

投坑伎曾传入南宋,这是契丹族与汉族体育交流的一个事实。在辽和南宋灭亡后,投坑伎便失传了,元明清各代均不见记载。

下面一首歌是投坑伎艺人坐在竿顶椅子上往下跳之前唱的,属于打油诗一类,与表演本身无密切联系,但也表现出表演者的旷达态度:

投坑伎诗·民谣

百尺竿头望九州,前人田土后人收。

后人收得休喜欢,更有收人在后头。

 5. 女真和蒙古族的射柳击毽

古代奥林匹克运动会是古希腊人为希腊诸神举行的祭礼活动,我国的射柳初时也是匈奴、鲜卑等族敬神的一种仪式。每年秋天马肥畜壮时,他们便来到听到第一声春雷的地方,在地上插下柳枝之类,然后举行祭祀、赛马和赛驼、骑射……大约在北朝(公元4—6世纪末),以骑马射柳为中心的射柳仪式已渐具雏形。唐代中叶,鲜卑后裔,契丹族的遥辇苏可汗修订"瑟瑟仪",用于拜天求雨,射柳仪基本成型。后来,射柳仪为建立金朝的女真人所继承,并传播到陂族地区,在宋、元、明各代都很流行。只是它原有的拜天、祈雨的宗教色彩已渐渐消失了。

在以游牧经济为主的民族中,骑术是很重要的。因此,有益于骑马射猎的马球运动在辽、金、元时十分流行,甚至成为拜天礼后必不可少的余兴节目。当时的马毬运动中普遍使用毬门,有设一个门的,也有设两个门的。宋、元时马球球门和蹴鞠球门相似,一般是在并立的两根木柱上装一块板,板上开一孔洞作为球门,门后再装上网。这种有网的球门比18世纪英国用渔网作足球门网早了500年。

古代名人的体育爱好

 1. 苏东坡的体育爱好

苏东坡是个多才多艺的人,也是一个兴致勃勃的体育爱好者。他喜欢寻访名胜古迹,游览高山大川。在游历中写下了大批诗词赋文。他有"八月十八潮,

苏东坡

壮观天下无"的佳句,说明他曾到钱塘观潮。他有"正月八日,士女相与嬉游,谓之踏青"的记载,说明他对春游颇有兴趣。他登庐山时写下了有名的《题西林壁》:"横看成岭侧成峰,远近高低各不同。不识庐山真面目,只缘身在此山中。"在苏东坡的作品中,对秋千、划船、游泳、射猎等许多体育活动都有过生动的描写。可以看出,他对体育有广泛的兴趣。

苏东坡对气功也很有研究,从主事杭州到贬谪广东的七年中,他每天黎明即坐着练气功,有时临睡前还练"听息功"。他一生写下了《养生说》等二十多篇文章,对这一领域进行了研究和探讨,很有学术价值。他的这些文章,后来曾被人收集,与沈括的同类文章合成一集,称为医治百病的"苏沈良方"。

苏东坡还从抗辽卫国的思想出发,十分关心当时中原人民的武装组织"弓箭社"。公元1093年10月,他还对当时北方"弓箭社"的情况进行过调查并报告给了朝廷,希望朝廷能在抗辽战争中发挥他们的作用。

下面一首词,是苏东坡在密州出猎后写的,从中可以看到这位大诗人骑马驰射、英姿勃勃的形象。

江城子·密州出猎
苏　轼

老夫聊发少年狂,左牵黄,右擎苍,锦帽貂裘,千骑卷平冈。为报倾城随太守,亲射虎,看孙郎。

酒酣胸胆尚开张,鬓微霜,又何妨!持节云中,何日遣冯唐?会挽雕弓如满月,西北望,射天狼。

2. "诗圣"杜甫笔下的"射生宫女"

杜甫是唐代伟大的现实主义诗人,文学史上的一颗灿烂明珠,后人称他为"诗圣"。

"诗圣"杜甫对体育也有一定的爱好。他曾在姑苏航海,齐赵狂骑;春天登山放歌,冬季山林打猎。他有高明的射技,可以引弓射飞鸟。他特别喜爱登山游历,曾同大诗人李白一起渡过波涛汹涌的黄河,一同攀登有名的王屋山;又与李白、高适一起登高揽胜,写下了《昔游》诗。从杜甫写有"老妻画纸为棋局,稚子敲针作钓钩"的诗句看,他还会下象棋,也喜欢钓鱼。如《哀江头》一诗:

哀 江 头
杜　甫

少陵野老吞声哭,春日潜行曲江曲。江头宫殿锁千门,细柳新蒲为谁绿?忆昔霓旌下南苑,苑中万物生颜色。昭阳殿里第一人,同辇随君侍君侧。辇前才人带弓箭,白马嚼啮黄金勒。翻身向天仰射云,一笑正坠双飞翼。明眸皓齿今何在,血污游魂归不得。清渭东流剑阁深,去住彼此无消息。人生有情泪沾臆,江水江花岂终极!黄昏胡骑尘满城,欲往城南望城北。

杜甫还用自己的笔，描写过多种体育表演。如公孙大娘及其弟子的剑舞，"如颠如狂"的醉拳八仙。下面这首诗，则写了唐朝宫廷中的"射生宫女"。

唐朝宫廷中有一批射技高明的宫女，她们常常随皇帝在皇家园苑中游玩，进行射取生物的表演，这是女射生手。王建的宫词中有"射生宫女宿红妆，请得新弓各自张"的诗句，也是写射生宫女的。此外，还有男射生手，他们实际上是皇帝的近卫军，主要用于军事，有时也进行骑射表演。唐代宗宝应年间（762－763），还曾用这些男射生手进宫平乱。

3. "诗仙"李白的体育爱好

李白是唐代伟大的浪漫主义诗人，文学史上的一颗灿烂明星，被人称为"诗仙"。

李白也是一个体育爱好者。他自小喜爱击剑，自称"十五好剑术"，又曾经"学剑来山东"；他剑术很高，在长安曾经勇战斗鸡徒。他一生赞美侠士的豪迈放浪，自己也过着"击剑好任侠"的浪漫生活。

李白更喜爱游历名山大川，先后漫游过长江、黄河流域的广大地区。他先跟大诗人杜甫同游梁、宋、齐、鲁，后又独自南游扬州、金陵、越中、宣城，北游邯郸、幽州等地。后来，他还曾隐居庐山白鹿洞。李白一生漫游全国，登过许多有名的大山，跨越过长江、黄河等大川。在长年的游历中，他常常诗兴大发，挥笔描绘祖国的大好河山，给我们留下了光芒四射的诗篇。

下面这首诗是李白攀登东岳泰山之后写下的，从中可以看到李白登泰山的时情景：

李白

游泰山
李 白

平明登日观，举手开云天。精神四飞扬，如出天地间。黄河从西来，窈窕入远山。凭崖揽八极,目尽长空闲。偶然值青童,绿发双云鬟。笑我晚学仙,蹉跎凋朱颜。踌躇忽不见,浩荡难追攀。

古代教育中的体育活动

我国古书记载的传说和民族学中的有关资料都证实,古代的教育活动在原始社会的后期就出现了。当时处于萌芽状态的教育活动,反映在原始社会生活领域的许多方面,而有关锻炼与发展儿童身体的各种练习和游戏,则是原始教育的主要内容。

我国古代没有现代的体育概念,自然没有现在学校体育课里的内容。但在古代学校中,还是要学习一些与身体活动有关的技能、技巧,这可以说是古代学校体育的雏形。据古籍记载,早在夏代,就有了学校,当时称为"校",殷商时称为"序",周代则称为"庠"。在当时的社会中,最重要的国家大事有两件,即宗教祭祀和战争,因此,学校里学习的主要内容就是有关祭祀和战争的知识技能。宗教祭祀知识,主要是音乐和舞蹈,这些都是祭礼仪式上不可少的娱神内容,是一定要学好的。而战争的技能就更多了,骑马、射箭、兵器技击等都是学校里的教学内容。当时军事的地位非常重要,谁家生了男孩儿,都要在门左挂弓以示尚武,而学校里将军事战争技能作为主要教学内容之一是自然而然的了。

周代学校中的教育内容主要是"六艺",即"礼、乐、射、御、书、数",其中射和御即包含有丰富的体育内容。当时,作战以车战为主,而射、御是基本的作战技能。射,主要指射箭技术。一般来说,陆上习射有"射庐"和"宣榭",水上有"辟雍"和"泮宫"。乡学中也设有专门习射的地方。学校习射,要掌握"白矢、参连、剡注、襄尺、井仪"五种基本技术。御,主要是指驾驭车马的技术。习御要求掌握"鸣和鸾、逐水曲、过君表、舞交衢、逐禽左"五种驾车控马的基本技术。这些基本技术都是适应车战需要,依据射箭、驾车的基本规律而提出的具体要求。

在当时的学校教育中,还有一项与军事和体育密切相关的内容——射礼。射礼是周代统治者通过射箭进行礼仪道德教育的重要社会活动。它按不同等级或不同场合分为"大射""宾射""燕射"及"乡射"四大类。举行射礼一般分"戒宾""示射""竞射"和"兴舞"四个步骤。与一般的射、御课目相比,"射礼"

马步射

基本上摆脱了军事训练的性质,并产生了较为完备的规则,初步成为一项竞技性的体育活动。

孔子是春秋时期的一位伟大的教育家。他当时也主张以"六艺"为主要教育内容,强调"有文事者必有武备",在其3000弟子中,身通六艺者就有72人。受当时社会的影响,孔子本人就是个文武双全的人才,是一位大力士,可力托城门,可射箭、驾车,还懂军事知识。他的学生子路是一员英勇善战的猛将;再有是一位善用长矛的将军,曾在一次保卫鲁国的战斗中立过大功。

战国时期,随着社会的进步和分工的发展,教育已从文武兼学逐渐走上文武分途。汉代的统治者重文治而轻武功,更由于儒家学说的大量传播,学校教育中的军事知识内容已经很少了。尤其是在"玄学"和"清谈"充斥着整个社会的两晋南北朝,社会风气更加重文轻武,人们以文静柔弱为美,因而在学校教育中,就更看不到军事和体育方面的内容了。这样一来,自战国至魏晋南北朝、隋唐五代的1000多年时间里,学校体育一蹶不振,"公卿士大夫吏,彬彬多文学之士矣"。

宋代以后,由于民族矛盾激化,战事不断,刺激了社会对军事技能的需要,习武又被社会重视起来。宋神宗时曾建立过专门的习武学校,以武艺特别是骑射为主要教育内容。至明代,开国皇帝朱元璋是经历过战争的人,他认为文武兼备的人才,才能为定国安邦发挥更大作用,因而建立了比宋代更为完备的学校教育和科举制度,学校体育也有所复兴。

满人以骑射为本,清代统治者本是北方强悍尚武之民族,在建立封建王朝中认识到文武不可偏废,故在教育中亦强调文武兼习。学校都开设骑射课,尤其是文科考试先试骑射,这个规定极大地促进了学校体育的开展,风气所及,民间竞相仿效。特别是清初著名教育家颜元,他本人文武全能,更以"文武兼备"的要求来办学。在他主办的"漳南书院"中,将课程分为"文事"与"武备"等若干类,学校辟有习射运动场,军体课的内容除骑射外,还有武术、举重及舞蹈等。颜元在他办的学校中提倡"动以养生"的思想,认为"一身动则一身强,一家动则一家强,一国动则一国强,天下动则天下强"。他针对程朱理学脱离实际的教育方法,主张把"六艺"教育作为整个教育的基础,致力于培养有真本领的经世致用的全才。从先秦时期的孔子到清初的颜元,两位杰出的大教育家都强调"文武兼备,学以致用"的教育思想,贯穿中国古代学校体育的这个特色,是非常突出而鲜明的。

我国古代的学校体育,与军事联系十分紧密,而直接以健身和娱乐为目的的体育运动比较少。仅仅习射一项,几乎无校不有。历代史籍、各地方志对学校的记述,常常写到射事、射圃,射圃是当时学校的操场、运动场。当然,中国古代教育中的体育活动,并不完备,也并不纯粹,较之德育、智育,时被忽视,但也不乏异军突起之时。社会客观的需要,自身存在的价值,决定了它虽有消长,但从未消亡,虽有曲折,也折而不断,虽有起伏,却屡蹶屡起,生生不息,并在长时期的历史发展中,形成了一种优秀可观的传统和独到不凡的特色。

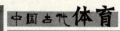
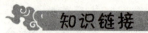

明代的体育教学内容

明代的学校，有中央办的"国子学"和地方办的府、州、县学。为了能真正恢复、贯彻实施"六艺"教育，洪武三年（1370年），朱元璋指示"国子生及郡县学生员皆习射……命国子监辟射圃，赐诸生弓矢"。这样，学校习射的场地、器材有了保证，较大地促进了学校体育的开展。当时的科举考试中，还要考"骑""射"等武艺。此外，还设置了培训军事人才的武学。武学是文武兼学，以武为主。除了学习传统的马射、步射以外，还要学习刀、枪、剑、棍等器械武艺和拳术，学生毕业后要参加国家举办的武科考试。

第二章

印迹鲜明的先秦体育

先秦时期，体育呈现鲜明的时代色彩，洋溢着强烈的时代精神。在人类社会初期，人类一方面依靠大自然来生存，另一方面又时刻面临自然灾害以及凶猛野兽对生命的威胁。在当时生产力水平极其低下的条件下，人们要摆脱这种困境不仅要靠组织团结的力量，更重要的是个人自身必须要有强健的体魄，只有这样才能够更好地抵御野兽的进攻，并猎取到更多的食物。于是在生产实践中，人们不断提高奔跑、跳跃、攀登、投掷和游水的技能，这些技能随着社会的发展在不断变化的活动方式中得到丰富和完善，从而形成了印记鲜明的先秦体育。

第一节
先秦体育发展的历史背景

 生产力的进步与体育的演进

原始社会末期，生产力发展，逐渐产生私有财产和贫富分化，产生了阶级——奴隶主和奴隶，氏族公社逐渐瓦解，开始向奴隶制社会演化。主要存在于黄河中下游的夏、商、西周、春秋等几个朝代，属于中国的奴隶制时代。

夏代（公元前21—公元前16世纪），都城安邑（今山西安邑县西到河南登封县一带）。共14代17王，400余年。

商代（公元前16—公元前11世纪），五次迁都，主要在河南省，公元前14世纪盘庚迁都到殷（今安阳小屯一带），此后称"殷商"。17代31王，600余年。

西周（公元前11世纪—公元前770年），都城镐京（今陕西西安西南）。共11代12王，250余年。

原始的父系氏族公社向奴隶制社会过渡，主要原因是生产力的发展。其中，工具的演进（青铜器代替石器）又是主要根源。

夏代，青铜冶铸业已有一定规模（河南偃师二里头发现了化铜炉、铜渣和残碎的陶范），出土有铜镞、戈和戚等。古书也记载："禹穴之时，以铜为兵。"（《越绝书·卷十一》）

商代青铜器发展，铸造规模更大，已能铸出重达875千克的司母戊大铜鼎。西周冶铸技术更高超，器物更精美，这为生产精锐的工具、兵器奠定了坚实基础，首先为奴隶时代军事体育的发展创造了条件。如：夏代开始有铜兵器，商代数量猛增，而且种类齐全，包括远射、格斗、卫体等兵器。商代

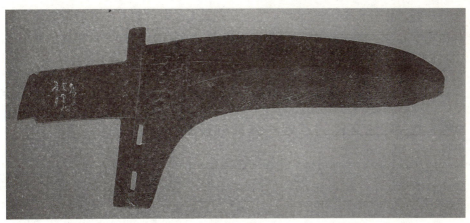

青铜兵器

还出现做精细木工的青铜工具，结合殷代晚期车马坑的出土，说明工具是制造车辆的，车辆被用于战争，因而出现了车兵（甲士）的军事武艺。

奴隶制社会取代原始公社，是符合历史规律的大变革。"在当时的条件下，采取奴隶制是一个巨大的进步"（恩格斯：《家庭、私有制和国家的起源》），但奴隶制又是极其残酷的剥削制度，奴隶主为了维护阶级秩序，不但需用武力镇压和残暴刑罚（去镇压反抗者和征服异族），而且需用一套祭祀、礼仪制度来维护本阶级的等级秩序，所有这些在体育上都有所反映。

战争频繁、体育发展

进入阶级社会，为争夺地盘、猎获物甚至领袖地位继承权，战争开始频繁，规模日益扩大。

夏禹死后，其子启杀死禹的法定继承人伯益（东夷族首领）而自己嗣位，引起了夷夏两族的长期战争。

商代军事斗争激烈，统治者设置了强大的军队。甲骨文载："王作三师，左、中、右。"有"马""多马""射""多射"等统军武官。商王一次出兵数千人，最多达1.3万人。

周王有三支军队：虎贲（禁卫军）、周六师（周人组成的主力）和殷八师（商遗民，周人为将帅）。

战争扩大，作战形式复杂，要求组成军队并进行训练，还要使用和不断

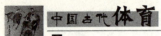
改进兵器，甚至形成社会尚武风气和出现武人专政。如夏代不但重射箭，而且出现了其对立物——"甲"（传说少康之子杼发明甲和矛）；商代出现车战（贵族为甲士，平民和奴隶充徒兵），普遍使用青铜兵器——斧、钺、戈、矛、刀等，促进了兵器武艺的发展。

其他文化的发展对体育的影响

原始社会后期崇拜鬼神、祖先及隆重祭祀的习俗被奴隶社会继承和发展，成为社会文化生活的一部分，如夏代尊"命"，借天意和鬼神"启示"来对奴隶实行残酷剥削和统治；商代尊"神"，遇事必求神问卜，祭祀频繁；周代尊"礼"，除继续用迷信和严刑峻法之外，还制定了一整套"礼制"来维护等级秩序，形成了繁琐的祭祀礼仪程式，贯穿于政治、经济、文化的各个方面，也给体育带来了深刻的影响，如西周的"礼射"就是典型事例。

除此之外，当时美学观点对体育也有重要影响。如青铜艺术造型，音乐、舞蹈等（例如舞蹈分乐舞、巫舞、武舞和歌舞；祭祀、射箭要音乐伴奏，音乐的旋律和节奏，美术作品中对称和仿生学等）对一些类似体育项目（射箭、舞蹈、武器操练等）的发展及规范化，都有深刻的影响。

奴隶社会出现了文字（商代的甲骨文和西周的"金文"），促进了人类思维能力的发展，便于人际交往和教育（含体育）的进步。

传说夏代已出现学校。《孟子·滕文公上》说："夏曰校，殷曰序，周曰庠，学则三代共之，皆所以明人伦也。"这是传授文字知识、劳动和战争技能的场所，奴隶主及其子弟在这里除学习文字和典册之外，还要学习射箭。如《礼记·王制》记载："耆老皆朝于庠，元日，习射上功。"（元旦这一日，乡中掌教化的小吏到庠这个机构来教习射箭，以射中者为上。）

至西周，则已建立了完备的官学系统，教育日趋发达，并且有了明显的体育因素。

春秋时期的体育思想

春秋时期，奴隶制在崩溃，封建制在兴起，在兴起的经济基础上，反映出了创造性的学术思想。这个时期产生了许多思想家、政治家和军事家。在他们的思想和实践当中，有了不少关于体育方面的内容。他们对当时和后世的体育发展都有较大的影响。

 1. 老子

老子即老聃，生卒不可考，相传为楚国人，著有《道德经》，是伟大的思想家。传世的老子《道德经》即《老子》，是战国时人环渊所作，其书辞藻多是环渊的，精神是老子的。

老子的思想精华是"道"。道是对春秋时代思想的理论概括。老子建立了一个中国思想史上从来没有过的范畴——"道"，也叫"大"。道表示宇宙的本体，这是对商周思想的一次大革命。

在《老子》一书中，有几处涉及养生问题，反映了老子的养生观，主要有以下四点：

（1）主静。老子在政治思想上主张无为而治，在养生方面也主张无为、好静。《老子》第十章提出"致虚极，守静笃"，即尽量使心灵虚寂，坚守清静。

（2）福祸相互转化。《老子》中有朴素辩证法思想的因素，它揭示了客观世界的一些对立面，提出了矛盾的某些法则，特别是正反两面相互转化的法则。在谈到福和祸的关系时，老子说："祸兮福所倚，福兮祸所伏。"韩非子在《解老篇》里对此解释说："人有祸害，心里恐惧，心恐惧则行为端正，行为端正则思虑周到，思虑周到则明白事理，行为端正则无祸害，无祸害则尽天年，明白事理则必成功。尽天年则长寿，必成功则富贵。长寿富贵叫做福。而福本于有祸，所以说，祸兮福之所倚。……人有福自然是富贵，富贵自然衣食美，衣食美自然骄心生，骄心生自然行动淫邪，举动违理。行为淫邪自然要短命，举动违理自然无成功。短命无成功叫做祸，而祸本生于有福，所以说，福兮祸

老子

之所伏。"

（3）去甚、寡欲。老子主张"去甚，去奢，去泰"，就是去掉那些极端的、奢侈的、过分的措施。他认为过分地求生存反而会致死。《老子》第五十章谈养生问题时说道："出生入死，生之徒，十有三，死之徒，十有三，人之生，动之死地，亦十有三。夫何故？以其生生之厚。"这段话的意思是说，离开了生存必然走向死亡。生、死的条件各占十分之三，为了求生存而一下子陷入死亡的范围也占十分之三。这是什么缘故呢？恰恰是由于他过分求生存的缘故。

《老子》第十二章中说道："五色令人目盲；五音令人耳聋；五味令人口爽（伤）；驰骋畋猎令人心发狂；难得之货令人行妨（窃掠），是以圣人为腹不为目。故去彼取此。"这是劝人清心寡欲。

（4）躲避危险。《老子》第五十章谈道："盖闻善摄生者，陆行不遇兕虎，入军不被甲兵。兕无所投其角，虎无所用其爪，兵无所容其刃。夫何故？以其无死地。"这是说善于养生的人总是设法避开猛兽、刀兵等危险。

老子的有关养生思想，对后世影响较大。他那种虚无主义的静的养生观，与体育锻炼相对立，是消极的、不全面的观点。但是，在这方面，他那朴素的辩证法的思想，以及去甚，节制嗜欲的主张还是可取的。

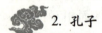

2. 孔子

孔子名丘，字仲尼（公元前 551～公元前 479），鲁国陬邑人（今山东曲阜），是继老子之后的伟大思想家和教育家。他是儒家学派的创始人。

孔子思想体系的核心是"仁"。"仁"的含义就是"爱人"。这反映了当时社会变革时期对人的重视。但他是在承认阶级统治的条件下来谈"仁"的，不反对"君君、臣臣、父父、子子"的阶级社会秩序。这就维护了奴隶制。

孔子相信"命"和"天命"，但他所说的"命"，和传统思想中当成至上的人格神的意志的"命"已有所区别，他心目中的天是自然。"天命论"有利于奴隶主阶级的统治。

孔子的思想代表了没落的奴隶主贵族利益。但是，他在整理古代典籍，保存文化和教育学生方面是有成绩的。

孔子的体育思想和实践，也有几点是可以批判继承的。

（1）孔子的教育中有体育因素。他首创私人讲学，广泛招收学生，施行礼、乐、射、御、书、数六艺教育（也有人说孔子的六艺教育含义是诗、书、礼、乐、易、春秋）。在六艺中，射、御和乐中的舞都属于体育范畴。《论语》记载孔子的弟子曾点说，他愿意做的事是："莫春者，春服既成，冠者五六人，童子六七人，浴于沂，风乎舞雩，咏而归。"因而受到了孔子的赞赏。由此可知，孔子在教育过程中，除数射、御外，还赞助学生郊游和游水。孔子的教育中虽然有体育因素，可是孔子把射、御却看作是士的最次等的艺。他不把射、御能手当作高材生。他列的优秀弟子人名单里，十人，分四类：德行、言语、政事、文学。射、御不在其内。

孔子画像

（2）孔子注重卫生保健。《论语》中有不少关于这方面情况的记载，他不吃不卫生的食物。"食饐而餲，鱼馁而肉败不食"；"色恶不食，臭恶不食，失饪不食"。他吃饭讲究定时定量。"肉虽多不食使胜食气。""不时不食。""不多食。""食不语。"他睡眠和休息时注意有利于健康的姿势。"寝不尸（不仰卧）。""子之燕居，申申如也，夭夭如也。"

（3）孔子爱好体育活动，身体康健。他的力量很大，跑的速度也很快。《吕氏春秋》说"孔子劲拘（举起）国门之关（门杠）"。还说他"足蹑郊菟，力招城关"。但是，"不肯以力闻"。《论语·述而》记载："子钓而不纲，弋不射宿。"由此可见，孔子平日有钓鱼打猎的活动。《孟子》记载孔子还从事登山活动："孔子登东山而小鲁，登泰山而小天下。"

但是，孔子注重体育和健康是以"仁"和"礼"为准绳的，否定一切非仁、非礼的体育活动，因此，他崇尚礼射，主张"射不主皮，为力不同科"。意思是射箭不一定要射中靶子，因为礼射是不同于练力气一类的事。他还说"君子无所争，必也射乎！揖让而升，下而饮，共争也君子"（皆见《论语·八佾》）。孔子在矍相一个园地里射箭时，曾宣布：凡是打败仗的武将，亡了国的大夫和过继给人当儿子的人一律不准进去。他认为这些"不忠""不孝"的人，没资格看他射箭。他反对"小人"有勇，认为"小人有勇而无义为盗"，"好勇疾贫，乱也"！他主张"仁者静……仁者寿"。这些都是孔子体育

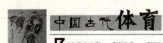
思想中的糟粕。

3. 管子

管子即管仲，齐国的大政治家。公元前685年，齐桓公即位，任用管仲，改革内政，使国力强盛，称霸于诸侯。

管仲的政治改革中，有不少措施与体育有联系，促进了体育的发展，概述之有以下三点：

（1）提出了"富国强兵"的治国政策。管子重视耕战，《管子》一书写道："民事农则田垦，田垦则粟多，粟多则国富，国富则兵强，兵强者战胜，战胜者地广。"（《管子》）

（2）改革了兵制，重视练兵。工商不服兵役，使成专业。农夫平时耕田，战时当兵。士当甲士和小官，有田不自耕，专练武艺。那时，定期举行田猎，借以练兵："春于田，曰蒐，振旅；秋以田，曰狝，治兵。"（《管子·小匡》）

（3）定法制，选练武勇人才。齐桓公在管子辅佐下，治军重武，把选拔武人定为法律，告之乡长："于子之乡，有拳勇股肱之力，筋骨秀出于众者，有则以告，有而不以告，谓之蔽才，其罪五。"（《管子·小匡》）当时，"春秋角试……收天下之豪杰，有天下之骏雄"。这些人武艺精湛，练得"举之如飞鸟，动之如雷电，发之如风雨，莫当其前，莫害其后，独出独人，莫敢禁围"。（《管子·七法》）

管子是法家的先驱，他的政治主张，突破了西周奴隶制"礼"的规范，因此，与其政治主张相联系的有关体育活动，也不是为周天子的"礼制"服务，而是为诸侯国的"耕战"服务了。管子的这些主张，对法家的体育思想有很大的影响。

管子本人也有较高的武艺，善射。他未辅佐齐桓公之前，在一次战斗中，曾射中小白（齐桓公）的带钩，后被小白重用为齐国之相。

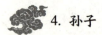

4. 孙子

孙子即孙武，齐人，曾是吴国的将军，著兵书十三篇（《孙子兵法》），总结战争经验，成为不朽的军事经典。孙子关于战争的论述，打破了"天命论"，提出了战争胜负取决于人心向背和战略战术正确与否的唯物主义观点。孙子的军事思想主要有以下三点与体育相关。

（1）孙子提出了一套战略战术思想。他主张战必"庙算"，不打无准备之仗；"知彼知己，百战不殆"；"善战者致人而不致于人"，打主动仗；"攻其不备，出其不意"，"声东击西"；"始如处女，敌人开户，后如脱兔，敌不及拒"，既要沉着镇静，又要勇猛果断等等。这一套战略战术思想，不但对后代的战争影响很大，而且对后代的体育，特别是武术的影响也很大。

孙子

（2）注重操练，强调快速行动。《孙子·计谋》篇在分析两军的胜负情形时，把"兵众孰强？士卒孰练"作为重要条件之一部。杜牧注解"练"的内容为："辨旌旗，审金鼓，明开合，知进退，娴驰逐，便弓矢，习击刺也。"《孙子·九地》篇说："兵之情主速，乘人之不及，由不虞之道，攻其所不戒也。"这句话的意思是用兵之理，贵在神速，乘敌人措手不及的时机，走敌人意料不到的道路，攻击敌人不加戒备的地方。"主速"同练兵中的"娴驰逐"是相联系的。

（3）治军严整，训练严格。孙子认为要用政治道义教育士卒，用军纪军法来统一步调，这样的军队打起仗来就必定胜利。这就是《孙子·行军》篇中所说的"令之以文，齐之以武，是谓必胜"。孙子练兵非常严格，司马迁作《史记》为之立传时，首先描述了他在吴王面前，以宫女代兵，演示兵法时的严格精神。孙子从严治军的思想，对后世的演兵习武有深远的影响。

孙子治军的理论和实践，对体育发展来说，不仅有历史意义，而且有现实意义。

 **战国时期的体育思想**

1. 墨家

墨子名翟，战国初鲁国人（亦说宋人），开创墨家学派，主张"兼爱""非攻""尚贤"。他把射御视为士之贤能的标准，并主张依此予以赏罚。《墨

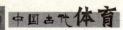
子·尚贤下》说："今若有一诸侯于此，为政共国家也，曰：凡我国能射御之士，我将赏贵之，不能射御之士，我将罪贱之。问于若国之士，孰喜孰惧，我以为必能射御之士喜，不能射御之士惧。我赏因而诱之矣！"

墨子重视其弟子习武，《墨子·公孟》记载："二三子有复于墨子学射者。"墨家弟子多有勇敢牺牲精神。《淮南子·泰族训》说："墨子服役者百八十人，皆可使赴火蹈刃，死不旋踵。"

墨子对军事很有研究，善于防御。《史记》载："盖墨翟，宋之大夫，善守御，为节用。"

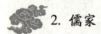

2. 儒家

儒家学派是孔子创始的。孟子，名柯，战国中期鲁国人，是战国时儒家的代表。他的思想中心是仁义学说。这种学说在他哲学思想上的表现为性善论。从性善论出发，孟子注意修身反省。《孟子·尽心》篇说："歹天寿不贰，修身以俟之，所以立命也。"这是一种"天命论"的养生观。

荀子，名况，又叫孙卿，战国末期赵国人，虽是儒家，但他是集百家之大成者。在政治理论方面，荀子扬弃了孔子的礼乐学说，使之符合地主阶级的政治需要，完成了礼向法的过渡。强调"法后王"，因此，提出了招募武勇之士以佐当时后王统一天下的主张。《荀子·王霸》篇说："羿、蠭门者，善服射者也。王良（赵简子的御者）、造父（周穆王的御者）者，善服驭者也……故人主欲得善射，射远中微，则莫若羿、蠭门矣，欲得善驭，及速致远，则莫若王良、造父矣。"《荀子·王制》篇说："材技股肱、健勇爪牙之士，彼将日日挫顿竭之于仇敌，我今将来致之，并阅（容纳）之，砥砺之于朝廷。"

荀子是唯物主义思想家，强调天是物质的天，批判了儒家的天命论，提出了"制天命而用之"的人定胜天的思想。这种思想在体育方面的反映，就是荀子的动以养生观。他指出："养备而动时，则天不能病……养略而动罕，则天不能使之全。"（《荀子·天论》）荀子强调人的主观能动性，强调运动对人体健康的意义，是对儒家宿命论的批判。

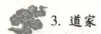

3. 道家

道家学派的开创者是老子。庄子，名周，宋国人，是战国时期道家的中心人物。他继承了老子的宇宙观，但是他的思想比老子更消极。庄子有不少关于养生的论述。《庄子》一书中，《养生主》和《达生》是论述养生的主要篇章。

《庄子·养生主》篇提出了几条养生原则：（1）"吾生也有涯，而知也无涯，以有涯随无涯，殆矣"。这是说人的生命和精力是有限的，而知识是无限的，如果以有限去追求无限，那就很危险，即主张不要过分求知。（2）"为善无近名，为恶无近刑。缘督以为经，可以保身，可以全生，可以养亲，可以尽年"。据郭沫若解释，达就是"外象美不要贪名声，外象丑不要拘形迹，守中以为常，那就可以安全寿考了"（《庄子集释

庄子

序》）。（3）用"庖丁解牛"的故事，说明人的养生必须"依乎天理"、"因共固然"，要遵循养生的自然规律。（4）庄子还以薪与火比成形与神，并说："脂穷于为薪，火传也，不知其尽也。"这是主张形不如申，申不灭。

庄子对动以养生持消极态度，他看不起导引养形的人士。《庄子·刻意》篇对以下五种人都加以否定，即"山谷之人，非世之人"；"平世之人，教悔之人"；"朝廷之士，尊主强国之人"；"江海之士，避世之人"；"导引之士，养形之人"。庄子对第五种人尤其轻视，他说："吹呴呼吸，吐故纳新，熊经鸟申，为寿而已矣！此导引之士，养形之人，彭祖（相传是殷代人）寿考者之所好也。"

《庄子·刻意》篇在论述养神时，曾以水作比喻，提出"纯粹而不杂，静一而不变，淡而无为，动而以天行，此养神之道也"。这里谈到的养神之道是动静结合，这个主张比较全面，是值得重视的。但是综观庄子的养生思想，他还是以静为主的养生观。《庄子·在宥》篇说："广成子南首而卧，黄帝顺下风膝行而进，再拜稽首而问曰：闻吾子达于至道，敢问治身奈何而可以长久？广成子蹶然而起，曰：善哉问乎……至道之精，窈窈冥冥，至道之极，昏昏默默。无视无听，抱神以静，形将自正。必静必清，无劳汝形，无摇汝精，乃可以长生。目无所见，耳无所闻，心无所知，汝神将守形，形乃长生。

慎汝内，闭汝外，多知为败。……我守其一以处其和。故我修身千二百岁矣，吾形未常衰。"

4. 法家

法家学派的早期代表来源有二：李悝、吴起、商鞅出于儒家子夏一派；慎到、申不害由黄老学派脱胎而来。韩非子，韩国人，是战国后期的法家代表，他提倡绝对的封建专制主义。《韩非子》全书充满了对于力的讴歌，如《五蠹》篇："上古竞于道德，中世逐于智谋，当今争于力气。"韩非提出了"文德不如武备""习礼不如讲武"的思想。《韩非子·八说》篇说："摺笏干戚，不适有方铁铦，登降周旋，不逮日中奏百；《狸首》射侯，不当强弩趋发；干城距衡冲，不若埋穴伏橐。"这就是说，官员们在朝廷上偃武修文的舞蹈，是敌不过将帅武器的；上前、退后、兜圈子的那套繁琐礼节，不如提倡兵士日行百里路；狸首射侯的那一套射礼，不足以抵挡用强弩快射；用盾牌、城墙来防御，不如用堆土山、挖地道、用火来进攻。这些都反映了法家积极倡导耕战，奖励军功，重视发展人们的勇力。

5. 兵家

战国时期，战争的规模越来越大，战略战术也有很大变化，不少兵家总结经验，著有兵书，积极提倡选练士卒，操兵习武。《六韬》这部兵书，原传为周代吕尚作，经后人研究认为是战国时的作品。《六韬》作者主张依身体条件和军事技能选拔、组织和训练士兵。这对当时军事体育的发展起了一定的促进作用。

《六韬》记载的练士之道中，谈到"有逾高绝远、轻足善走者聚为一卒，曰寇兵之士"。这是主张依跳跃和奔跑技能选练步兵。

《六韬》说"选车士之法，取年四十以下，长七尺五寸以上，走能逐奔马，及驰而乘之，前后左右上下周旋，能缚束旌旗，力能彀八石弩，射前后左右皆便习者，名曰武车之士，不可不厚也"。这是主张依身体条件和多方面的技能选拔车兵。

《六韬》提出的选拔骑兵的身体、骑射和骑术条件也很具体。它说："选骑士之法，取年四十以下，长七尺五寸以上，壮健捷疾超绝伦等，能驰骑彀射，前后左右，周旋进退，越沟堑、登丘陵、冒险阻、绝大泽、驰强敌、乱大众者，名曰武骑之士，不可不厚也。"

《六韬》还强调士卒必须具有水上功夫，以备水战，并把"越深水渡江河"的本领称为奇技。它说："奇技者所以越深水渡江河也，强弩长兵者所以踰水战也。"

《六韬》的选练士卒之道，反映了当时战略战术的变化，适应了战争的需要。它为练兵习武指出了专门化和标准化的发展方向。

6. 医家

战国之际，医学的发展促进了养生学的发展。《黄帝内经》一书提出了不少养生的理论和方法。

该书指出："上古之人，……饮食有节，起居有常，不妄作劳，故能形与神俱，而终共天年"。"今时之人，……务快于心，逆于生乐，起居无节，故半百而衰。"这里关于上古之人终其天年的说法虽然与史实不符，但是关于节制生活，劳逸得当的养生方法还是比较科学的。

《黄帝内经》还提出了一些根据季节变化保养身体的方法："春三月……万物以荣，夜卧早起，广步于庭"；"夏三月……天地气交，夜卧早起……使气得泄"；"秋三月……天气以急，地气以明，早卧早起……使志安宁……使肺气清"；"冬三月……水冰地坼，早卧晚起……去寒就温。"

这部医书的作者继承和发展了我国古代的体育疗法，进一步提出了用导引和按摩相结合的方法治疗疾病。《黄帝内经·素问》说道："中央者，其地平以湿，……故其病多痿厥寒热，其治宜导引按蹻。"其注释说："导引，谓摇筋骨，动支节。按，谓抑按皮肉。蹻，谓捷举手足。"

7. 杂家

秦国吕不韦在始皇八年辑成《吕氏春秋》一书，力图综合先秦诸子学说，是"杂家"的代表作。这部书不仅有很强的政治上的意义、很高的文化史上的价值，而且有一定的体育史上的价值。在《本生》《重己》《贵生》《情欲》《尽数》等篇中，对养生问题进行了比较系统的论述，提出了一些比较正确的观点。

《尽数》篇说："天生阴阳寒暑燥湿，四时之化，万物之变，莫不为利，莫不为害。""圣人察阴阳之宜，辨万物之利，以便生。故精神安乎形，而年寿得长焉。长也者，非短而续之也。毕其数也。"这里对自然界的利与害，人体的形与神，寿命的长和短等问题的论进，都具有朴素的辩证法和唯物论的观点。

《贵生》篇说："夫耳目鼻口，生之役也。耳虽欲声，目虽欲色，鼻虽欲芳香，口虽欲滋味，害于生则止。在四官者不欲，利于生者则弗为。由此观之，耳、目、口、鼻，不得擅行，必有所制……此贵生之术也。"《本生》篇说："世之富贵者，其于声色滋味也多惑者，日夜求，幸而得之则遁（放荡不禁）焉。遁焉，性恶得不伤? 万人操弓射其一招，招无不中。"这是在养生方法上，从消极方面提出了节欲。

《尽数》篇说："流水不腐，户枢不蠹，动也。形气亦然。形不动则精不流，精不流则气郁。郁处头则为肿、为风……处足则为痿为蹶。"这是在养生方法上，从积极方面主张运动。

知识链接

诸子百家的体育思想

战国时期，"诸子百家"有关体育问题的思想和主张，虽然不尽相同，但就其主流来看，在哲学思想上，主要表现为无神论的天道观，否定了商周奴隶主的宗教意识；在社会政治思想上，主要是为了维护新兴地主阶级的利益，巩固封建制度，这就为封建社会体育的发展奠定了思想基础。

第二节
先秦时的体育趣事

射箭断官司

商周时期，青铜器的广泛使用为箭镞的制作提供了优越的条件。西周时期，射箭不仅具有军事价值，而且成为宗教祭祀、外交盟会、宫廷宴会等重大活动不可缺少的重要内容。那时，每个男子都要学会射艺，精湛的射艺甚

古代宴饮图

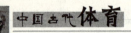

至可以成就一生的事业。

西周时期，习射被定为"六艺"教育的内容之一，并且受到当时等级分明的"礼制"的影响，射箭活动也被制定出繁琐的礼节，并逐渐发展成为以"射礼"为形式的大规模竞赛活动。当时的射礼按等级分为四种："大射""宾射""燕射""乡射"。当时规定，男子 15 岁就开始习射，成年后按不同等级在不同场所继续练习射箭，而后参加每年举行的不同等级的射箭比赛。比赛时要进行饮酒、奏乐等一系列繁杂的礼仪，被称为射礼。这可以说是世界历史上较早的射箭比赛了。

春秋战国时期，射箭得到了更大的发展。当时思想文化领域里的诸子百家，也对射箭表现出了极大的关注和热情。

同时，由于战事频繁，射箭的普及范围更为扩大。魏国的著名改革家李悝曾下过一道"习射令"，规定人们发生纠纷后打官司时，先进行射箭比赛，谁射得准，官司就断谁赢。这虽有些荒唐，但李悝的目的在于鼓励人们学习射箭的本领，反映了当时对射箭的重视。这一时期，在赵国还出现了赵武灵王进行改革，实行"胡服骑射"的事情。赵武灵王通过改革，引进胡服，鼓励骑射，使国力大盛，成为历史上尚武强兵的典范。

知识链接

"百发百中"的由来

随着商周时期射箭运动的普遍开展，出现了不少身怀绝技的射手。《战国策·西周策》说："楚有养由基者，善射，去柳叶者百步而射之，百发百中。左右皆曰善。"这也就是后来"百发百中"成语的由来。当时的射箭技术，随着射箭的普及已达到相当高的程度，总结出不少射箭理论，如"手若附枝，掌若握卵"，"左手如拒石，右手如附枝，右手放发而左手不知"等，这些均是对当时射箭理论的精练概括。

项处舍命踢蹴鞠

足球在中国古代被称为"蹴鞠"或"踢鞠",也就是现在家喻户晓的踢足球。

战国时期,随着商业和手工业的发展,城市发展得很快。战国前,城市规模都比较小,占地面积纵横不到 300 丈,人口不过 3000 户。而战国时许多大城市,像赵国的邯郸、魏国的大梁、楚国的郢、秦国的咸阳、齐国的临淄都已成为相当繁华的都市,仅临淄一城居民就有 7 万多户,街上车水马龙,行人摩肩擦背。社会的繁荣也促进了文化的繁荣,各种各样的文化娱乐活动都开展起来了。战国时著名的政治家苏秦在临淄游历后,这个城市的繁华给他留下非常深刻的印象,他称赞临淄的富足并说那里的居民除了喜欢音乐,经常演奏各种乐器,如吹竽、鼓瑟、击节、弹琴和斗鸡、养狗,下一种叫六博的棋外,还喜欢蹴鞠(《史记·苏秦列传》)。踢足球成为当时社会上风行一时的娱乐活动。《史记·扁鹊仓公列传》中有这样一个故事:一个叫项处的人生了病,请齐国临淄名医仓公看病。仓公给他开了药后,告诉病人千万不要劳累,否则会吐血而死。可是项处球瘾难禁,实在控制不住,还是去踢球了,结果出了一身大汗,吐血身亡。

孔子翘关

在使用冷兵器作战的古代,体力是十分重要的。冷兵器杀伤力的大小,决定于人体力量的大小。古代在描写一位英勇的武士时,总是说他"力大无穷""力举千斤"等,把力量放在重要的位置。从前文介绍我们已经知道,在夏、商、周三代的传说中,就有许多大力士,如夏桀"有才力,能伸钩索铁,手搏熊虎";殷纣"能倒曳九牛,扶梁换柱";穷氏国君寒浞的儿子奡"能陆地行舟"。拉直铁钩,空手擒缚猛虎,曳住九牛,扶住屋梁换下房柱,以及在陆地上拖动木船,这些生活和生产上用力的事,需要几个人或十几个人才能办到的,而力量大的一人就办到了。这种大力究竟是怎样练成的呢?古书上缺乏记载。但到了春秋、战国时代,我国史籍上就有了"翘关"和"扛鼎"

的举重练力的记载了。

翘关就是举城门上的大木门栓；扛鼎就是举烧食物的大锅。

关于古籍中记载翘关的事和儒家学派创始人孔子有关系。封建社会后期的儒生也多半是手不能提、肩不能扛的文弱书生，于是在人们的印象中，以为儒家就是文弱。其实，春秋时期，文武官吏还没有严格的分界，作为士阶层的人都是文武双全的。孔子是士阶层中的一员。他年轻时当过奴隶主的乘田、委吏等小官，所以，也是一个能文能武的人。《吕氏春秋》《淮南子》《论衡》《列子》等书都记载了"孔子之劲，能招（通翘）国门之关"。国门之关就是诸侯国都城门的大门栓。诸侯的国都城门一般都有四五丈之阔；如果用粗的木头做栓，也有几十斤重。据汉朝人高诱的解释，翘关的方法是"以一手提城门关显而举之"。就是说，用一只手握住门栓的一端，把四五丈长的木栓挺举起来。这需要很大的力量，说明孔子确实是个举重的大力士。

孟说举鼎害家人

据《说文》的解释，扛鼎就是"横关对举"，即在两个鼎耳之间穿一根杠子，两个人把它抬起来。而一个人扛鼎，就是手提横杠把鼎举起来。战国时举鼎力士最多的是秦国。秦国用封官的办法招来了许多大力士。有名的乌获、任鄙、孟说等，都是能力举千斤的人。乌获当上了将军，任鄙被封为汉中郡太守，可以说都是高官厚禄了。秦国的国君武王也是一个大力士。他年轻好胜，随秦军东征，到了周朝的宗庙里，看见有许多大鼎，他就和孟说作举鼎比赛。结果因为力量不足，鼎掉下来砸断了膝盖骨，流血过多而死。虽然这事和孟说无关，但根据封建社会的法律，不能谏止国君，导国君致死，就是大逆不道的。孟说的一家子都被杀死了。

作为练力方法的翘关、扛鼎的起因是可以想见的。管关门的官吏，每天要上下门栓；管煮食物的小吏，每天要搬移大鼎，这都需要有力量。于是，他们把需要用力的劳动变成了练力的工具，就创造了翘关、扛鼎的举重方法。但翘关、扛鼎运动之所以能在社会上开展，跟当时军事作战的需要有关。兵书《吴子》说："一军之中，必有力轻扛鼎之士。若此之等，选而别之，爱而贵之，是谓军命。"吴王阖闾伐楚时，"选多力者五百人以为前阵，五战五

项羽扛鼎

胜"。正是在这种军事作战的需要下，战国时的举重运动，才能得以广泛的开展。

棋艺精神的围棋大师弈秋

弈就是古代围棋。据说，围棋是尧发明的，为的是用来教育儿子丹朱。另一种说法认为，舜的儿子商很愚笨，舜就用围棋来启发他的智慧。这些传说当然不一定可靠，但也反缺了围棋在古代就具有启发人智力的作用。现在从文献资料来看，一般认为围棋是春秋以前受军事影响而产生的。

春秋时期，战争频繁，而围棋又有利于人们从战略眼光来学习军事，所以，围棋在春秋年间得到了迅速发展。弈秋是当时全国公认的围棋大师，可见那时必定有不少棋手跟他较量过，否则，他精湛的棋艺别人是无法了解的。由此推测，当时的围棋比赛一定很多。另外，棋艺精湛的弈秋收了徒弟，类似弈秋这样高明的棋手当然也会有一些弟子，这就是说，早在春秋年间已有人在当围棋"教练"了。

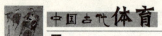

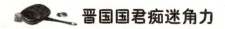**晋国国君痴迷角力**

　　在殷周奴隶制时代，角抵称为角力，是当时重要的军事体育项目之一。《礼记》记载每年初冬，周天子都要命令"将帅讲武，习射御、角力"。周天子在挑选出征的武士时，被选者要脱衣扎腰，裸露臂腿，进行徒手的角力比赛。到春秋战国时期，角力成为流行的活动项目，出了不少角力迷，如晋国的国君连作梦都在与别人角力。《春秋谷梁传》中有一则别致的角力比赛的记载，说的是鲁国的公子季友在战争中活捉了敌手莒挐，却提出要与莒挐相搏，以决胜负。他命令部下闪开，二人展开了一场拼死的角力。后来，鲁公子季友敌不过了，竟又食言，拔刀杀死了对手。这个故事也反映了人们对角力的喜爱。当时长于角力的人很多，孔子的父亲叔梁纥就是一位高手。战国时期，诸侯兼并，武风更盛，角力除军队习练外，并逐渐变成一种表演性的竞赛项目。

第三章

规模恢宏的秦汉体育

在中国历史的漫漫长河中，秦汉正处于封建社会的上升阶段。大统一封建王朝的建立，结束了春秋战国以来长期分裂混战的局面，加速了全国各个地区不同文化传统和风俗习惯的相融过程，因此，这一时期是我国古代体育风尚的基本定型和全面发展时期。

秦汉体育的特点是内容丰富多彩。许多体育运动已初成体系，略具规模，并开始向规范化方向发展，走在当时世界的前列。

第一节
秦汉及魏晋南北朝时期体育的历史背景

秦汉及魏晋南北朝时期，属于中国封建社会的前期——上升时期，又可分为两个阶段：前期为秦汉时期，统一的封建大帝国的建立，进入了中华民族文化发展的第一个高潮，短命的秦王朝为汉代的兴盛奠定了基础；东汉末、三国、两晋、南北朝则进入了长期动乱，却造成了民族大融合，促使华夏文化向长江以南发展。

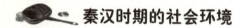 **秦汉时期的社会环境**

 1. 多民族统一的封建中央集权国家的建立

秦始皇灭六国及周边一些少数民族地区后，结束了800余年的分裂割据局面，于公元前221年，建立了中国历史上第一个统一的多民族封建中央集权制国家——秦朝。

秦朝建立后，采取了许多巩固统一的措施即废分封制，设郡县；统一度量衡、货币、法律、文字、车轨、服饰、历法等，驰道大路通达全国，水道交通直达岭南，这些措施对封建经济文化的发展，有巨大的促进作用，也使各民族和地区间文化体育的发展与联系得到加强。但秦王朝的残暴统治和对人民的残酷压

秦始皇

迫，又促使它迅速灭亡，成为一个短命王朝。

西汉初，吸取秦的教训，承袭秦制而又废秦苛法，"崇仗黄老""无为而治"，实行轻徭薄赋，与民休息的政策，经过"文景之治"，使经济得到恢复和发展，各地、各民族的体育活动及交流蓬勃发展。由于战胜匈奴，开拓西域，还出现了我国历史上第一次中外文化体育交流的高潮。

2. 罢黜百家，独尊儒术

汉初百家思想活跃的局面有不利于加强中央集权的一面。汉武帝即位后，接受董仲舒"罢黜百家，独尊儒术"的建议，也就是凡"不在六艺之科，孔子之术者，皆绝其道，不使并进"（《汉书·董仲舒传》）。从此，结束了战国以来"百家争鸣"的局面，儒家学说成为西汉中期以后的统治思想。

武帝时，并兴太学，置"五经"博士，提拔大批儒生做官吏。至汉成帝时，博士弟子3000余人，造成广大儒生"皓首穷经"的局面，学校只讲"五经"，"射、御、乐"等不再提倡。

而西汉选拔官吏实行察举制，大批儒生以"贤良、方正、能言、极谏、孝廉"等名义由地方官吏推举做官，也是用儒家思想加强统治的做法。

所有这些，都有利于加强中央集权，却阻碍学生思想的自由发展，也不能不影响当时的体育（特别是学校体育）发生很大的变化。

3. 东汉豪强地方庄园经济的发展

西汉后期，豪强大地主多以庄园形式剥削压迫农民，世代称霸一方，自成一个生产单位。被剥削的农民称部曲、佃客、附从、徒附、家客等，不仅要纳重租、服徭役，而且与豪强地主有人身依附关系。许多豪强地主还把自己的依附农民变为家兵，编为部曲，自筑坞堡等进行武艺训练，以防农民反抗和起义。这种情况进入东汉后尤甚。在某种程度上，这也促进了民间习武风气的发展。

4. 战乱不息和空前的民族大融合

黄巾大起义沉重地打击封建王朝，并使东汉土崩瓦解。地主武装镇压了黄巾起义之后，各据一方，连年混战，造成了"白骨露于野，千里无鸡鸣"

的惨象。于公元220—265年形成了魏、蜀、吴三国鼎立的局面。这种经济、政治和军事局面，对体育的发展也有一定的影响。

公元280年，晋灭吴，结束了三国的割据，重归统一，但极短时间后统一即遭破坏，贵族们相互攻战、争夺王位，形成持续18年的"八王之乱"，黄河流域沉浸在血泊之中。由于防御力量相对削弱，居住在汾河流域的匈奴族入侵，带动了匈奴、鲜卑、氐、羯、羌等少数民族先后进入中原地区和边疆，先后建立了"五胡十六国"，在长江以北造成长期战乱和空前的民族大融合，直到拓跋鲜卑建立的北魏统一北部中国，才基本结束了这场大乱。

东晋元帝率皇族南逃，在南方大地主的拥簇下，在长江流域建立东晋，后续宋、齐、梁、陈，形成与北方少数民族政权对峙的"南北朝"时期。由于战争频繁，军事武艺在这一时期又有许多发展变化。

北魏孝文帝锐意汉化，进行改制，使北方各民族进一步融合，百万民族兄弟完成封建化过程。民族文化的交融促进了体育的交流，一些传统体育得到保存，反映各民族特长和中原地区妇女的体育也从此兴盛起来。

东晋南渡，使中原百万人口涌入南方，使长江流域经济文化得到开发，中华民族的发展从此建筑在两条大河流域之上，对南方文化和体育的发展也起了积极的推动作用。

 5. 统治阶级的腐化

东汉末实行的"九品中正制"选官法，到晋代逐渐形成了"上品无寒门、下品无士族"的局面，士族大地主形成"门阀"并日渐腐化。社会长期动荡，使统治集团朝不保夕，力图寻找精神寄托和应变理论，繁琐经学已不能适应形势需要，于是以老庄思想解释儒家经典的"玄学"应运而生。以"贵无"思想为核心的玄学，要求人们摒绝一切内心思虑、感情，用玄思冥想达到"道"或"无"，把外部世界消解于内心。这种学说始于曹魏的何晏和王弼，至晋而恶性发展，有所谓"竹林七贤"。他们政治上崇尚无为，思想上崇尚神秘，生活上放荡不羁，使酒任性，玩世不恭，一时成为时尚，反映了士族子弟的腐朽性。

当时的士族子弟，多好声色，喜傅粉，纵酒行乐，下棋无度，骨脆肤柔，体羸气弱，不耐寒暑，服五石散，专门于棋类、投壶、歌舞、杂技等术，对军事武艺不甚注重，这就不能不给两晋、南朝的体育打下深刻的时代烙印。

秦汉时的体育思想

1. 黄老学说对体育的影响

西汉前期，黄老学说在政治上起了指导作用。"黄"指黄帝，"老"指老子。统治者鉴于秦朝严刑峻法的弊病，实行了刑政比较宽简的"无为而治"的政策，让人民获得六七十年的休养生息，从而导致了经济繁荣、政治巩固的"文景之治"，到汉武帝时，西汉进入全盛时期。在这种情况下，西汉体育普遍振兴。从实践方面来看，刘邦的宫廷中就设有鞠城；刘彻外出巡行时，还要进行"弋猎、射驭、狗马、蹴鞠"等体育活动（见《汉书·枚乘传》），说明当时统治者对体育运动的爱好。《盐铁论·国疾》说："里有俗，党有场，康庄驰逐，穷巷蹋鞠"，表明当时民间体育活动相当普遍。从理论方面来看，《汉书·艺文志》记载：西汉时期有蹴鞠二十五篇，剑道三十八篇和逢门射法，李将军射法、王贺射书等各家射法几十篇，说明当时已有不少有关体育的专门理论著作。

从上述情况可以看出，黄老学说是通过如下环节与体育发展相联系的：黄老学说——无为而治——经济繁荣——政治巩固——人民获得休养生息——体育发展。这种联系恰恰反映了老子"无为无不为"的思想，即以无为的手段，达到有为的目的。

2. 董仲舒有关体育的思想

汉初，经济贫困，政权不巩固，所以推崇黄老学说，实行无为而治。到汉武帝时，经济繁荣，政权巩固。这时多欲（多为）政治代替了无为政治，与政治相适应的学术思想也必然要发生变化。汉武帝时候，公羊学派的著名学者董仲舒，适应汉王朝大统一的局势，提出封建国家在思想上也要实现统一，因此建议"罢黜百家，独尊儒术"，他的主张得到汉武帝的采纳。所谓儒术，就是儒学为主、黄老学说为辅的董仲舒春秋公羊学说。

董仲舒著有《春秋繁露》，他的基本思想是"天人感应"的神学目的论和"天不变，道亦不变"的形而上学思想。他与体育有关的思想，可以概括

董仲舒

为三点。

"人副天数"。他把人体的骨节、四肢、五脏等比附为一年的日数、月数，以至五行、四时之数，如人体"内有五藏（脏）"就比附为"五行"，"外有四肢"，就比附为"四时"，从而得出"为人者，天也"的理论（《春秋繁露·人副天数》）。这是以客观唯心主义的"天命论"解释人体。

仁人清净多寿。他在《春秋繁露·循天之道》中谈道："故仁人之所以多寿者，外无贪而内清静，心平和而不失正中，取天地之美以养其身，是其且多，且治。"这种寿命论实际就是孔丘"仁者静""仁者寿"的翻版。

不在六艺，皆绝其道。在教育方面，他主张："诸不在六艺之科，孔丘之术者，皆绝其道，勿使并进。"（《汉书·董仲舒传》）董仲舒曾被尊为汉代的孔子，他的思想影响非常深远。到东汉时，其"独尊儒术"的思想在体育领域里反映出来，表现为"不在六艺之科"的蹴鞠、角抵等体育项目的衰退，以及礼射的恢复。

3. 王充的养生观

东汉时期，伟大的唯物主义思想家王充与唯心主义哲学思想和宗教神学进行了尖锐的斗争。他著有《论衡》八十五篇，对谶纬神学和孔孟学说中的谬误进行了有力的批判。有关养生学方面，王充也有不少论述。

唯物主义的寿命论。王充认为："天不能生人"，"天地合气，人偶自生也；犹夫妇合气，子则自生也"（《论衡·物势》）。他虽不懂从猿到人的科学知识，但他主张人是由物质的"气"生成，反对董仲舒"天人感应"的神学目的论，在当时具有进步意义。

王充以"恶人之命不短，善人之年不长"（《论衡·福虚》）的事实，证明天不能赏善人享长寿和罚恶人早死，批判了"仁者寿"的虚妄。

王充把生命看成是一种自然过程，"物以春生，夏长，秋而熟老，适自枯死"（《论衡·偶会》），提出"物无不死，人安能仙"（《论衡·道虚》）。这是对那些认为人可以不死的神仙方术的批判。

唯物主义的形神观和神灭论思想。王充发挥了桓谭以烛火喻形示申的唯物主义观点，指出："天下无独燃之火，世间安得有无体独知之精？""人之死，犹火之灭也。"这种形神观和神灭论都反映了朴素的唯物主义世界观。

注意卫生。他在《论衡·命义》中写道："正者禀五常之气也。随者随父母之性

王充画像

也。遭者遭得物象之故也……故礼有胎教之法。子在身时，席不正不坐……非正色目不视；非正声耳不听。"这里提出了"正、随、遭"三种情况对人体的成长起着先天的作用，因此，强调"胎教"。古时的"胎教"后来发展为保育学。王充强调"胎教"，具有优生学意义。

王充还指出了嗜欲的毒害，他在《论衡·言毒》中说："美酒为毒，酒难多饮，蜂液为蜜，蜜难益食……故美味腐腹，好色惑心……"这是主张节制嗜欲，以养成良好的生活习惯。

否认锻炼身体的作用。他在《论衡·道虚》中说："道家或以导气养生，度世而不死，以为血脉在形体之中，不动摇屈伸，则闭塞不通，不通积聚则为病而死。此又虚也。夫人之形，犹草木之体也。草木在高山之颠，当疾风之冲，昼夜动摇者，能复胜彼隐在山谷间，障于疾风者乎？按草木之生，动摇者伤而不畅。人之导引动摇形体者，何故寿而不死？夫血脉之藏于身也，犹江河之流地。江河之流，浊而不清，血脉之动，亦扰不安，不安则犹人勤苦无聊也，安能久生乎？"王充在反对道家夸大导引作用的时候，否定了导引的作用。这不仅是对体育学和生理学的无知，而且是思想方法上用一种极端反对另一种极端的形而上学。王充在《论衡·气寿》中写道："夫禀气渥则共体强，体强则其命长；气薄则其体弱，体弱则命短，命短则多病。"他把人的

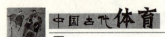
寿命长短与遗传因素、体质强弱联系起来是正确的，但他认为体质强弱完全取决于"禀气"的渥与薄，这就把"先天"的作用绝对化了，否认了"后天"锻炼的作用。他还说："有死生寿夭之命，亦有贵贱贫富之命。"（《论衡·命禄》）这些不正确的观点都反映王充的思想有消极之处，属于命定论的范畴。

王充晚年，某些养生观点有所改变，曾作十六篇养生之书，"养性自守，适食则酒，闭目塞聪，爱精自保。适辅服药引导，庶希性命可延"（《论衡·自纪》）。在这里他又承认了一些养生方法，其中包括引导的延命作用。由于他的养生专著已失传，故无法对他的养生思想作出更确切的评述。

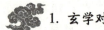 **魏晋南北朝时期的体育思想**

魏晋南北朝时期，社会的阶级矛盾很复杂，很激烈。这种社会矛盾反映在意识形态上，就出现有玄学与反玄学的斗争，以及佛教神不灭论和神灭论的斗争。这些思想对体育的发展都有很大影响。

1. 玄学对体育的影响

汉代统治者那一套"天人相与"、阴阳谶纬等神学思想，先后经过桓谭、王充等人的批判，已经不再有很大的迷惑作用了。于是，两晋统治者就不采取公开有神论的形式，而是用精神性的本体来代替有意志的人格神，用以欺骗群众，维护他们的统治，因此，兴起了"玄学"。曹魏正始年间名士的领袖何晏和王弼是玄学最早的代表人物。玄学崇尚"无为"和"三纲五常"，实际上是道与儒结合的产物。

玄学思想，在统治阶级中加重了消极悲观情绪，引起了纵欲、清谈的风气，造成了醉生梦死的生活方式。这方面的典型人物有"竹林七贤"（嵇康、阮籍、阮成、山涛、向秀、王戎、刘伶）。他们的人生观正如晋人伪托的《列子·杨朱》篇所说："十年亦死，百年亦死，仁圣亦死，凶愚亦死。生则尧舜，死则腐骨；腐骨一矣，孰知其异？且趣当生，奚遑死后？"他们几乎都纵酒行乐，放荡不羁。如阮籍"嗜酒能啸善弹琴，当其得意，忽忘形骸，则人多谓之痴"（《晋书·阮籍传》）。阮成有时与群猪共饮。刘伶"常乘鹿车，携一壶酒，使人荷锸而随之，谓曰：死便埋我"（《晋书·刘伶传》）。他们这样荒唐纵酒，残害身体，完全否定了体育运动对增进健康的作用。

玄学思想，在统治阶级中还引起了服食药物以求益寿延年的风气。"竹林七贤"的主要人物嵇康，好老庄之学，著有《养生论》和《答难养生论》两篇养生理论文章。嵇康的《养生论》说："至于导养得理，以尽性命，上获千余岁，下可数百年。""故修性以保神，安心以全身。爱憎不栖於情，忧喜不留於意，泊然无感，而体气和平。又呼吸吐纳，服食养身，使形神相亲，表里俱济也。"这说明嵇康把导养看作是延年益寿的手段，但是他夸大了导养的作用。他所说的导养，包括修性安心、呼吸吐纳和服食养身三个方面。修性安心与儒家的"仁者寿"相似；呼吸吐纳有科学性；服食养身是嵇康《养生论》的重点。他说："流泉甘醴，琼蘂玉英，金丹石菌，紫芝黄精，皆众灵含英，独发奇生。"若食之，可以"澡雪五脏，疏彻开明，吮之者体轻，又练骸易气，染骨柔筋，涤垢泽秽，志凌青云"。又说"上药养命"、"中药养性"，极力鼓吹吃仙药。达些玄妙的说法，在当时影响很大，在统治阶级中掀起了"服食"之风。在玄学思想影响下，嵇康的养生术强调了修性安心，轻视了体育锻炼，宣扬了服食。这对体育的发展，特别是导引的发展造成了一些不利的影响。

 2. 道教思想对体育的影响

首先应该区别玄学和道教，明确玄学是属于道家流派的一个哲学派别，道教是从神学扩大而成的一个宗教。

两晋、南北朝时期，最大的道教徒是东晋葛洪（281—341）。他是继符水道教之后兴起的金丹道教的代表人物。著有《抱朴子》内篇二十篇，外篇五十篇。内篇言神仙养生属道家，外篇言儒术应世属儒家。

葛洪的养生观可以概括为以下几点：

第一，养生的目的在于成仙得道，长生不老。《抱朴子》说："盖闻身体不伤谓之终，况得仙道，长生久视，天地相毕。"

第二，养生的方法有三种：

修心养性。这属于内修，具体内容是："学仙之法……涤除嗜欲。内视返听，尸居无心……静寂无为，忘其形骸……"嵇康是从人的角度提出修性安心，而葛洪则是从神仙的角度提出修心养性。他的内修比嵇康增加了神学色彩。

葛洪画像

导引同行气结合。这属于外养。《抱朴子·微》均见《梁书·范缜传》，说明精神活动是以一定的生理器官为基础的，当时还不知脑是思维的器官，误认为是心，这是科学水平的局限性造成的。但是他把精神（思、虑）看作是物质（心）的产物，这在古代哲学和生理学上都是一种卓越的见解。

南朝齐梁时期人范缜（约450－515年），出身寒微，博通经史，著有《神灭论》，是我国古代杰出的唯物主义者。他对佛教神学进行了坚决的斗争。

范缜唯物主义的形神观，比桓谭、王充的观点更为深刻、严密。它为养生学进一步提供了唯物主义的思想基础，以及生理学方面的比较科学的知识。它对体育的发展都具有积极的意义。范缜的《神灭论》是从"形合一"的前提出发的，他认为："神即形也，形即神也。是以形存则神在，形谢则神灭也。"形是神的实质，神是形的作用，二者不能分开。从而反对了佛教的神不灭论，以及道教的羽化登仙。

范缜还认为"心病则思乖"，"心为虑本"。佛教宣扬神不灭论，即灵魂不灭论。还宣扬因果报应说、生死轮回说等等。编造出一套三报论。善人或恶人当生受报，叫作现报；有的来世受报，叫作生报；有的经过几世才受报，叫作后报。佛教的这些理论，使人们注重参禅入定、修苦行的心神修养，这对体育发展起了一定的消极作用。

颜之推否定道教的入山修道，他说："人生居世，触处牵絷。幼小之日，既有供养之勤，成立之年，便有妻孥之累……而望遁迹山林，超然尘滓，千万不遇一尔。"这是正视现实生活，说明厌世思想不切合实际。

他反对炼丹服食。告诫他的子孙："凡欲饵药……不可轻服。近有王爱洲在邺学服松脂，不得节度，塞肠而死，为药所误者甚多。"

他提倡保健卫生，主张"调护气息，慎节起卧，均适寒暖，禁忌饮食"，还提倡叩齿运动。

他主张养生先虑祸。颜之推总结了前人养生的教训，指出："夫养者先须虑祸，全身保性，有此生然后养之，勿徒养无生也。单豹养於内而丧外；张毅养於外而丧内，前贤所戒也。嵇康著《养生论》而以傲物受刑；石崇冀服饵之征而贪溺取祸，往事之所迷也。"（引文均见《颜氏家训》）。

颜之推的养生观，从哲学思想来看，否定了玄学与道教养生论中的某些唯心主义观点，反映了朴素的唯物主义思想；从养生学来看，多从消极方面提倡卫生保健和虑祸，很少从积极方面提倡体育锻炼。

总之，在两晋、南北朝时期，道教"潜心虚静，息虑无为""神仙方药，养生延年"的思想，一方面，对体育的发展起了消极作用，另一方面，道教以葛洪、陶弘景为代表的养生家又都是医家，他们利用导引行气，作为成仙得道的一种方术，这虽然给导引涂上了神学色彩，但是在导引的理论和方法上也提出了不少符合医学的东西。

 3. 儒学对体育的影响

两晋、南北朝时期，因玄学兴起，儒学虽然衰落，但是在政治上仍居正统地位，保持崇高的名义。以儒学为盟主，儒、佛、道三位一体的相互渗透，是这一时期社会思想发展的基本趋势。统治阶级维持封建礼制，还是依据儒学。在儒学思想影响下，这个时期又恢复了礼射。《通典》载："晋盛康五年春，征西庾亮行乡射之礼。依古周制，亲执共事，洋洋然有洙泗之风。《晋书·张执传》说：'永宁初，出为护羌校尉、凉州刺史。始置崇文祭酒，位视别驾，春秋行乡射之礼。'《宋书·蔡兴宗传》说：'三吴有乡射之礼，久不复修，兴宗行之，礼仪甚整，先是元嘉中，羊元保为郡，亦行乡射。'"

儒家多重文轻武，大多数儒者都不注重体育锻炼，因此成为文弱书生。

北周孔教重刻乡射约序说："自儒者以文学名为儒，故用武者遂以不文名为武，而文武从此分矣，或曰自文武之途分，而千万世之儒皆为妇人。"那时把儒者比作妇人，其文弱之态是不难想象的。

总之，这一时期，在儒家思想影响下，一是礼射又有所恢复，二是文弱之风得以助长，这对体育的发展都很不利。

 4. 佛教思想对体育的影响

两晋、南北朝时期，佛教广为流传。北朝定佛教为国教，据载："夫导引不在于立名、象物、粉绘、表形、著图，但无名状也。或伸屈，或俯仰，或行卧，或倚立，或蹒躅，或徐步，或吟，或息，皆导引也。不必每晨为之，但觉身有不理则行之，皆当闭气，闭气即是气冲以通也。亦不得立息数，待气似极，则先以鼻少引入，然后口吐出也。缘气闭既久则冲喉，若不更引而便以口吐，则气粗而伤肺矣。如此，但疾愈则已，不可使身汗，有汗则受风，以摇动故也。凡人导引，骨节有声，如不行则声大，声小则筋缓气通也。夫导引疗未患之疾，通不和之气，动之则百关气畅，闭之则三宫血凝，实养生之大律，祛疾之玄术矣。"《抱朴子》中还记述了不少这方面的具体养生法，如叩齿、漱咽及摩目、按耳、按面等按摩术和龟鳖行气等气功。但是，佛教并不反对体育。北魏孝文帝时，少林寺的初祖天竺禅僧跋陀剃度的小和尚，多数是爱好体育活动的。跋陀的弟子中有一个叫稠禅师。《太平广记》中说："稠禅师初落发为沙弥时，辈甚众，每休暇常角力、腾越为戏，而禅师以劣弱见凌，给侮殴击者相继。"这些休息时锻炼身体而又淘气的小和尚们，常以体质羸弱的稠禅师为拳击的对象。稠禅师在这种情况下发奋练武，后来练得"筋骨强劲，拳捷骁武"，并能高跃。这就是少林武术的起源。

梁朝刘勰自幼好学，曾入空门，是精通佛学和儒学的杰出学者，又是文艺理论家，撰有名著《文心雕龙》。他强调学习作文章，要保养体力，使精种常处于饱满状态。他认为人的精神，依附于身体，养神首先在养身，感到劳倦，必须休息。

总之，佛教的神不灭论、因果报应说、生死轮回说等等，虽然重在精神，对体育不利，但是佛教的僧徒和学者又提倡一些健身、养生活动，特别是少林寺的武艺，这对我国武艺、导引的发展起了一定的促进作用。

第二节
秦汉魏晋南北朝时代的体育趣事

秦始皇禁武毁器

秦代是我国古代体育发展史上的一个断层或低谷。统一大业的完成，使饱经战乱之苦的人民看到了太平盛世、安居乐业的一点光明，也给传统的民间体育风尚带来了发展兴盛的一线生机。但秦代统治者的暴政使这种光明和生机一闪即逝，接踵而来的却是巨大的灾难与无边的黑暗。国家剥削使人民"男子力耕不足粮饷，女子纺织不足衣裳"，生活处境极为悲惨；无休止、无归期的徭役又使人民的生命毫无保障，"丁男被甲，丁女转输"，社会秩序空前混乱；而严峻的刑法更把全国变成了一个大监狱，"赭衣塞路，囹圄成市"，"举河以西不足受天下之徒"。在这样的社会条件下，民间体育活动完全失去了生存发展的土壤，陷于萎缩凋零的状态。

不仅如此，秦代统治者为了防止六国贵族的东山再起和劳动人民的结集反抗，还用强制命令抑或暴力的手段，对春秋战国以来传统的民族尚武精神予以禁锢和扼杀。在统一天下后不久，秦始皇即对各地民间执兵习武的社会风尚进行了一次大规模的扫荡。他下令收缴民间所有的大小兵器，聚积于都城咸阳加以销毁，凝铸成十二个重各千石的钟鐻铜人，立在阿房宫朝殿前，以震慑四海，"弱天下之人"。又以国家法令的形式强行罢除了民间传统的"讲武之礼"，严禁聚众结社，练武习艺。在这种极端粗暴的专制政策之下，春秋战国以来尚武习兵的社会风俗被迫暂时中断，民间五彩缤纷的体育活动亦因此遭受毁灭性的打击而急剧衰落。

在收天下之兵和罢"讲武之礼"后，秦代统治者只保留了本国传统的体育项目——角抵，以点缀太平，娱乐宫廷。据《史记·李斯传》记载，秦二世在甘泉宫宴饮群臣时曾作"角抵优俳之观"。湖北江陵凤凰山秦墓中曾出土了一幅描写当时角抵场面的彩色漆画，画面上三名男子皆上身赤裸，下着短裤，腰勒细带，右边二人互相扑击，进行角抵表演，左边一人双手平伸，神情专注，似为现场裁判。从画面上部绘有一帷幕飘带来看，这场角抵显然是在宫廷内苑或贵族华室举行的，因为一般平民百姓之家根本不可能拥有帷幕这样的室内装饰之物。角抵活动之所以在秦代一枝独秀的原因，在于它是一种不带任何兵器的徒手竞技活动，即使兴盛于社会亦不足以对手握重兵的统治阶级构成威胁。况且当时的角抵已下降到同优俳一般的地位，仅具表演功能，完全失去了激烈对抗的性质。

秦王朝的专制统治不但将六国旧地公开的民间体育活动扫荡一空，而且使秦人本族本土甚或秦军将士崇武尚勇的精神传统丧失殆尽。秦始皇陵东侧发现的庞大的兵马俑军阵就是当年秦军将士精神风貌的真实再现。有的学者指出，近万名秦俑虽面貌各异，但神情大都或愁苦呆滞，或阴冷灰暗，或沉郁悲戚，充分体现了一种怨愤、悲观、绝望的情绪。这种情绪与昔日秦军将

秦角抵娱乐活动陶俑

士尚武好斗、勇于征战、势如虎狼的英雄气概大相径庭，形成了极为强烈的对照。这说明秦王朝的急政暴虐也给广大的秦军将士带来了严重的精神创伤，他们在万般压抑和无尽迷惘中苦度军旅生活，逐渐丧失了喜好练武习艺的优良传统，成了一支形具神丧、死气沉沉的军队。

压迫愈烈，反抗愈强。秦代之后，随着社会上绝大多数阶层怨愤与反抗情绪的与日俱增，民间暗中进行练兵习武活动从未绝迹。一些志在复家国之仇的六国旧贵族和民间勇士隐匿四方，私藏兵器，伺机反秦，如韩国贵族张良浪迹天涯，寻访刺杀始皇的力士侠客；楚国名将之后项羽在吴中从其叔父修习"能敌一人"的剑术与"可敌万人"的兵法，并练就扛鼎拔山之力；淮阴贫士韩信则身带刀剑游荡于陋市狭巷，与其他少年相谑相戏。而广大的人民群众纷纷"亡逃山林，转为盗贼"，"发棘枣而为矜，周锥凿而为刃"，手持极为原始的武器同拥有长戟劲弩之兵的统治阶级展开生死搏斗。当陈胜、吴广在大泽乡斩木为兵，公开扯起造反大旗时，全国各地立即"云合响应，赢粮影从"，汇成巨大的农民战争洪流，最终灭亡了秦王朝。

两汉时期的体育故事

1. "商祖杖剑，武夫勃兴"

两汉是我国古代体育运动的一个全面复兴和蓬勃发展的时代。汉高祖刘邦一生驰骋疆场，得天下于马上，轻视儒冠，崇尚武力，一曲《大风歌》道尽了他斗志犹酣的豪情和渴求猛士的心愿："大风起兮云飞扬，威加海内兮归故乡，安得猛士兮守四方！"汉初的功臣将相也多是出身布衣的赳赳武夫，所谓"高祖杖剑，武夫勃兴"（《后汉书·党锢列传》）。至孝惠吕后时当政的公卿仍是"武力有功之臣"。这种新型的政治格局使两汉时代尚武之风大盛，即使是帝王也经常"自击熊罴，驱逐野兽"，一些文学之士弃书学剑、投笔从戎，以期博功封侯者。在强烈的尚武精神影响激励下，两汉体坛一扫秦代万马齐喑的沉闷空气，传统的体育活动逐渐复苏，深入宫廷，普及民间，成为社会生活中必不可少的内容。

两汉时期社会的发展进步，为民间体育风尚的全面振兴创造了肥沃的土壤和辉煌的前景。在西汉初年的文景之治时期，国内各地区各民族间的体育娱乐活动也兴盛起来，出现了"里有俗，党有场，康庄驱逐，穷巷蹴鞠"（《盐铁论·国疾》）的喜人景象，甚至连六七十岁的白发老翁也焕发青春，"至市井游敖嬉戏如小儿状"（《史记·律书》）。汉武帝在位时国力空前强盛，文化昌盛发达，形成了我国古代体育运动发展史上的第一个高峰。当时不仅帝王贵族之间经常进行"弋猎、射驭、狗马、蹴鞠"之类的竞技活动，而且京城长安还不时举行规模盛大、内容丰富的各种体育娱乐表演，称作"角抵百戏"，蔚为一代奇观。民间体育活动虽然在西汉末年的社会大动乱中曾一度处于低潮，但东汉建立后社会生产力水平的提高和文化科技的进步很快使之再度复兴起来，并迈向新的高度。东汉体育项目之多，运动技巧之高，竞争意识之强，均超过西汉时代。

与匈奴族的长期战争和经营西域的艰辛历程，大大激发和强化了两汉时人的尚武精神，也促使传统的军事体育运动发生了历史性的转折。当时的关西特别是陇西地区与少数民族活动居住地接近，民间尚武之俗尤为突出："民俗修习战备，高上勇力鞍马骑射。"两汉时代的精兵猛将多出于此，号称"六郡良家子"。还有一些志士仁人甘愿效命沙场，开拓边疆，立功绝域，如发出"匈奴未灭，何以家为"豪言壮语的青年将领霍去病，立志"马革裹尸还"的伏波将军马援，宁愿从军远征而不愿"坐事散儒"的少年英雄傅介子，自请领兵平定边乱的七十多岁的老将赵充国等。这种锐意进取的精神与汉初朝野风尚一脉相承，集中体现了两汉时人尚武嗜勇的时代风貌，刺激了民间练兵习武活动的开展。当时为了击败长于骑射的匈奴族和开拓多产良马的西域，两汉军队的兵种配置、军事训练及武器装备相应采取了重大改革，骑兵迅速发展壮大成为主要兵种，练习骑术和射术成为军事体育活动的主要内容，适合于马上劈砍击刺的环柄大刀与长柄画戟成为重要格斗武器。一些锻炼体质、耐力与灵活性的民间体育活动项目也被引入军队之中，体育娱乐与军事训练互为表里，相辅相成，成为这一时期军事体育活动的一大特色。

2. 从"宣武舞"看武术套路的形成

汉代，四川阆中一带有一种舞，舞者手执兵器，模拟战斗时情景。资人曾参加刘邦的军队，战斗之余常跳这种舞。刘邦看了很喜欢，当了皇帝后就用它代替古代的武舞，称之为巴渝舞。晋代改名"宣武舞"，舞蹈动作也有所发展，特别是突出了表演使用兵器的动作。

"宣武舞"共有四段，傅玄配有歌辞。"短兵篇"是其中"剑俞"一段的歌辞。它前四句描写士兵挥剑如飞而又有一定的章法；接着四句描写成队士兵行动整齐，变换迅速，挥剑相击如闪电流星；末两句表明这种武舞也是练兵的一种方法：

剑为短兵，其势险危。疾喻飞电，回旋应规。武节齐声，或合或离。电发星骛，若景若差。兵法攸象，军众是仪。

晋代武舞形式上的这一变化，反映了当时武艺的发展，特别是初级武术套路的形成。

3. 高祖之父好蹴鞠

西汉开国之初，君臣以楚人为主干，时俗以楚风为时尚。一时汉家歌舞"多楚声"，楚地一些民间传统体育活动也流入汉宫，风靡全国。蹴鞠就是其中流行最普遍的一种。

蹴鞠运动

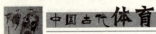
据《西京杂记》记载，刘邦之父作为太上皇住进长安深宫，这位乡下老翁不喜欢锦衣玉食，看不惯轻歌曼舞，却深切怀念家乡一带流行的蹴鞠等娱乐习尚，声称："平生所好，皆屠贩少年，酤酒卖饼，斗鸡蹴鞠，以此为欢。"刘邦自然不敢稍拂其父之意，赶忙下令在长安近郊仿照古居营建新丰，迁移原楚地掌握各种技艺的父老乡亲于此，以让太上皇欢度晚年。从此，蹴鞠活动从民间引入宫廷，并很快兴盛起来，深为后来的一些帝王贵族所喜好，长安城的深宫内苑里相继出现了许多"鞠城"，作为足球竞赛场地。

西汉时期的蹴鞠主要有两种形式，一类是观赏性的蹴鞠表演，主要是指在音乐的伴奏下进行踢球、控球的技能表演；另一类则是竞技性的蹴鞠比赛。这类比赛多分为两队进行，并且球和场地是仿照天圆地方的阴阳原则建立的，即球门呈圆形或半圆形相对而设，双方各出六人参赛，同现代足球相似。那时的比赛也设置裁判，以规范队员的比赛动作，督促其遵循比赛规则。当时汉武帝就十分喜爱观看蹴鞠比赛，其宠臣董偃为媚悦奉上，一度将各郡国的蹴鞠高手召集到长安城，并且经常举行比赛，而汉武帝几乎是每场必至。

汉代的蹴鞠不仅仅被当成一项强身健体的娱乐活动，甚至被直接引入到军队之中。刘向曾主张将军事训练的内容寓于日常娱乐之中，以便士兵能够在一种相对宽松自由的环境中，增强体质，提高素质。而蹴鞠就是其中最有效的运动项目之一，并且一些能歌善舞的人还将蹴鞠运动与舞蹈艺术相结合，发明了风格独特的蹴鞠舞，充分扩展了蹴鞠活动形式的多样化。蹴鞠运动在宫廷中和军队中的广泛兴起与普及，对民间蹴鞠活动的进一步开展与流行起到了极大的推动作用，也促使了汉代蹴鞠兴盛局面的形成。

知识链接

年代久远的击鞠运动

击鞠，即骑在马上持棍击球的运动。有关击鞠的最早记载，见于公元3世纪曹植所写的《名都篇》。诗中描写"京洛少年"身着鲜丽的衣装，挟弓佩剑，一清早就去郊外斗鸡玩乐，继而"走马长楸间""长驱上南山"行猎。猎罢归来即列坐长筵。之后，又"连骑击鞠壤"（在击鞠场地跑马），直至"白日西南驰"才停息。诗中还形容"京洛少年"们的骑术达到了"巧捷惟万端"的熟练程度。其写作时间当在公元220年前后。由此推知，击鞠这种活动至迟在东汉晚期已经出现。

击鞠之所以会出现在汉末，史学家推测原因有二：一是骑兵日常军事训练的需要；二是受到蹴鞠活动的启发。汉代与西北边境少数民族交战频繁，机动灵活、迅捷勇猛的骑兵往往在战争中起着决定性作用，同时因为受到当时把军事训练寓于日常娱乐之中的思想影响，统治者把步兵中流行的蹴鞠活动引入到骑兵训练中来，于是久而久之产生了新式的击鞠运动。

4. 西汉兴佩剑

西汉时期，佩剑击剑之风大行于世。上自天子下至百官无不佩剑，并且有一套严格的佩剑制度，就连民间都认为佩剑是君子的必需装备，也是其身份的象征。西汉时期名扬天下的大才子司马相如少年时便嗜好读书、击剑。

击剑之风盛行，所以西汉社会出现了一批精通剑术、寄食于人的"剑客"。这些剑客很讲究剑道的师承和方法，并且形成了许多风格各异的流派。各派均有剑师，专门从事剑道的传授工作，在这种形势下，比剑之风开始盛行。一些嗜剑成癖的文人甚至把当时各派的剑术精华搜集起来加以整理，创作出一部专论长剑技击的理论著作《剑道三十八篇》，只可惜现今只存其目。

如果说先秦时期的剑术还只是存在于军事训练之中，那么西汉时期的剑术就已经走上了体育运动的轨道，并且出现了激烈比赛的竞技场面。关于这些，已经出土的一些汉代画像石、画像砖以及部分史书中都有相关记载。这些史料的保存，对于今天剑术的进一步发展起到了重要作用。

在秦汉年间，剑术本身也有了显著的进步，击剑在当时已有一定的招式。

在楚汉战争中，项羽的堂弟项庄曾在鸿门宴上表演剑舞，企图在席间刺杀刘邦；项伯为了保护刘邦也提剑起舞。项庄和项伯的这种"剑舞"当然不是一般的武舞，因为它不仅有一定的程式，可以供人观赏，而且有攻击和防守的作用，可以致人于死命。由此可知，那时已出现了剑术套路的雏形。这在剑术发展史上是具有重要意义的。

到了东汉末年，对剑术的研究已更加普遍，有了更大的进展。这从曹丕的文章中可以得到证实。曹丕本人学剑就拜过许多师傅（"闭师多矣"），他还见过来自各方的不同剑法（"四方之法"）。那时五花八门的剑法究竟如何，我们今天自然无法了解，但既然同是击剑，却有不同的"法"，这至少说明，它们各自有不同的招式、不同的特点、不同的格调等等。各种剑法正是由于有这些不同之处，在以后的漫长的历史发展进程中，才有可能形成击剑的不同风格，不同门派。

从曹丕的文章，我们还可以知道，在当时多种多样的剑法中，京城洛阳击剑水平最高，而洛阳的击剑手中，王越最有名气。既然有水平的高低，名气的大小之分，大约那时不同的剑法之间，著名的击剑手之间也有过比较和交流。否则，谁又可以分出不同剑法的高低呢？曹丕与邓展的赛剑，就是这种比较和交流的一个实例。曹丕因为从王越的弟子史阿那里学到了一些本领，所以才战胜了剑术出众的邓展这样一位老将。不难看出，当时各种剑法之间已存在剧烈的竞争。这种竞争，无疑将推动整个剑术水平的提高。凡此种种，说明汉代前后，我国剑术已出现非常繁荣的局面。

 5. 棋类兴盛，高手如云

汉代，弈风逐渐兴盛，如冯翊、岐道、王九真、郭勃都是当时的名手。当时主要的棋类游戏有弹棋、围棋、六博、樗蒲等。

汉代的围棋还是木质的，并且已有黑、白之分，棋道纵横交错各 17 道，合 289 道，白、黑棋子各 150 粒，与后世流行的 18、19 道棋盘的围棋略有不同。当时的人们习惯把围棋看作是排兵布阵的军事模拟战场，一些著名的将领大都对围棋颇有造诣。汉末军事家曹操便是其中的高手，他不但棋艺高超，而且身边云集了一批像王九真、山子道这样的棋坛高手，以便随时切磋棋艺。孙权的长兄孙策在戎马之余，也喜欢研究围棋，他与吕范下过一局精彩绝妙的好棋，后来被收录于宋代著名棋谱《忘忧清乐》之中。

六博，也是中国古代的棋类游戏，战国至汉代盛行。博指博箸，一套博具中有6根箸，故名六博。行棋之前要投箸，根据投的结果决定行棋的步子。六博的棋子多以象牙、水晶、玉石或铜制作，一般均大小相同，分成黑白两组，各6枚，但也有每组合1大5小的。在投箸行棋的过程中，达到某种地步后，棋子中的一颗成为枭棋，一方将对方的枭杀掉，乃取胜。具体博法唐时已失传，今不知其详。

六博棋盘

 ### 6. 汉代的角抵百戏与技巧

杂技是一种表演的技艺。其中有许多项目，都需要具有高难度的身体技巧，并有一些项目逐步演变发展成为现代体育的竞赛项目，如技巧、单杠等。而杂技中一些高难度的技巧，为现代竞技体育训练所借鉴。因此，追本溯源，杂技和体育有密切的关系，是体育发展的源头之一，是体育史研究的一个部分。

杂技表演最早见于史料记载的项目是弄丸，就是用双手抛接七至九个丸铃之物的手技。战国时有一个叫熊宜僚的人，擅长弄丸技术。有一次楚国和宋国交战，熊宜僚在阵前表演弄丸，两军士兵都停战观看，把一场干戈化为一次联欢。如果用奥运会的宗旨相比拟，这也是起了增进和平、友谊的作用。汉代以角抵为基础，创造了配有音乐故事情节的武打，称为角抵戏。后来，进一步扩充发展，包括了杂技、幻术、歌舞等，称之为角抵百戏。据张衡的《西京赋》中记载，角抵百戏中的杂技项目，大概有下列各种：

（1）爬竿。巴渝地方的都卢人身体轻捷，擅长表演这个项目，所以被称为"都卢寻橦"。汉代的爬竿是和顶竿相结合的。山东沂南出土的汉画像石《宴乐图》中，有一个雄壮的男子，头上顶一长竿，竿顶有一横木，有三个小儿分别在横木上做俯卧水平、悬垂水平和挂膝悬垂等动作，内蒙古和林格尔汉代壁画《百戏图》中，则有两人在一根横杠的两端表演动作，有点像单杠表演。

（2）走索。走索就是踩绳。有单人表演，也有双人表演。张衡在《西京赋》中说："走索上而相逢。"这就是双人在绳上表演。山东沂南汉画像石《宴乐图》中有三人在绳上表演，两端各有一人作走舞动作，绳中间一人两手握绳倒立。在一根绳上做手倒立，这已是一个高难度的惊险动作了；更为触目惊心的是，在绳子下面的地上，反插了几把锋刃向上的尖刀，跌落下去就有被刺伤甚至有生命的危险。表演者履险如夷，显示了熟练的技巧。

（3）技巧。技巧表演包括手倒立、鱼跃钻过刀圈、翻筋斗跳过水盘等。汉画像石中手倒立的图像较多。徐州、南阳汉画像石和四川成都汉画像砖中都有高案手倒立或筋头图像。和林格尔壁画《百戏图》中，有一人在高台上倒立，叠了七八张台子。南阳汉画像石《宴乐百戏图》中，一人在矮台上作单手倒立。山东济南出土的汉代乐舞杂技陶俑中有三个男倒立陶俑。河南洛阳出土了倒立俑陶奁。所有汉代文物中的手倒立姿态都是抬头塌腰，双膝过头，表现了极美的人体造型。汉代的钻刀圈，是用篾席卷成圆筒，四周插上矛头，从中鱼跃穿过，称为"胸突铦锋"。跳水盘则是置盘水于前，用各种筋头翻过，像是飞燕掠水，所以称为"冲狭燕濯"。汉代的许多种技巧表演，都已具有相当高的难度。

戏车。在奔跑的马车上做爬竿和走索表演，是汉代高难度的杂技表演。张衡在《西京赋》中描写这一惊险的杂技说："伈僮逞材，上下翻翻，突倒投而跟絓，譬殒绝而复联。"李尤在《平乐观赋》中也说："戏车高橦，连翩九仞，离合上下。"这些记载并非夸张，在汉画像石中有图像可证。山东沂南出土的《宴乐图》中，有四马拉一辆马车奔驰，车中竖一高竿，竿下悬一大鼓，两人擂鼓；竿上有一方盘，一人在盘上做手倒立。这是单马车上的戏车。河南新野县出土的《戏车汉画像砖》的图像，则是两辆马车相联的双马车的戏车，两辆马车上都竖一高竿，前一辆马车高竿的横竿上，有一人用脚勾住横竿倒挂；在他横伸的两臂上，各有一个小僮在掌中表演，真是技艺高超，惊险绝伦。该图的后一辆马车的高竿上蹲了一个人，手持长绳的一端，和前一辆马车上一人持绳拉成一条斜线；在这两人手拉的长绳中，却有一人步履从容地向上迈进。这些惊险的动作，又都是在奔驰的两辆马车上进行的，这就更增加了难度和惊险。表演这种高难度动作，不仅需要有过人的力量和技巧，也需要有过人的勇敢和沉着精神。

汉代高超的杂技表演，表现了当时社会富于进取的献身精神。惊险的动作就存在一定的危险性。晋成帝咸康七年（341 年），散骑侍郎顾臻奏曰："杂技而伤人者，皆宜除之。"汉代角抵百戏中的惊险杂技，以后就部分失传了。

 7. 战火中诞生的神射将军李广

秦王朝在农民大起义的烈火中灭亡了。后来，刘邦和项羽为争夺天下又进行了五年的战争。最后，刘邦击败项羽建立了汉朝。大规模的连年战争强迫交战各方竭力提高将士的武艺水平。汉朝建国之后，北方的匈奴族又成为严重的外患。那时，冒顿单于统治着散居大漠南北的匈奴族，控制了我国北方地区的一些其他部族，有几十万英勇善战的骑兵。匈奴骑兵经常侵扰汉朝边境地区，大肆进行掳掠。公元前 200 年，汉高祖刘邦率领 32 万大军抗击匈奴，结果在平城白登山（今山西大同市东南）被匈奴骑兵包围，差点被俘。从此，西汉王朝数十年积极备战，到汉武帝年间，卫青、霍去病率领汉朝军队先后三次大规模进攻匈奴，取得胜利，才基本上解除了匈奴的威胁。旷日持久的战争，大大促进了军事武艺水平的提高，使一些与军事行动直接相关的体育得到了重视和发展。骑射，就是在连年战争中得到极大发展的一个突出例子。

早在战国年间，赵武灵王为了抗击北方外族侵扰，就发布了"胡服骑射"令，着手组建了汉族骑兵。但是在西汉年间，由于与以游牧为业因而骑射技能极高的匈奴族进行战争，西汉骑兵难以与之抗衡。战争迫使西汉王朝为了自身的安全逐步建立起一支强大的骑兵，培养大批善于骑射的将士。随着西汉王朝几十年如一日发展骑兵的进程，骑射也就在战火中得到了极大的发展。

"飞将军"李广参加过对匈奴的几十次征战，建立了赫赫战功。他就是在跟匈奴的长期战争中，经受了种种磨练，在战火中诞生的一位神射将军。李广的高超射技，不仅在当时受到称赞，对后世也有深远的影响。《汉书·艺文志》中记有《李将军射法》，尽管这可能是冒名

李广

的伪作，但至少说明有人研究和总结过他的射技，并写成了专著。可惜这一著作没有流传下来，具体内容也就难以了解了。

李广的威名代代相传，许多诗人曾怀着敬意颂扬过他的非凡胆识和超群射技：

"少年十五二十时，步行夺得胡马骑……一身转战三千里，一剑能当百万师。"（王维《老将行》）

"但使龙城飞将在，不教胡马度阴山。"（王昌龄《出塞》）

知识链接

李将军列传（节选）

司马迁

匈奴大入阴山，天子使中贵人从广勒习兵击匈奴。中贵人将骑数十纵，见匈奴三人，与战。三人还射，伤中贵人，杀其骑且尽。中贵人走广。广曰："是必射雕者也。"广乃纵从骑往驰之三人。三人亡马步行，行数十里。广令其骑张左右翼，而广自射彼三人者，杀其二人，生得一人，果匈奴射雕者也。已缚之，上马，望匈奴有数千骑，见广，以为诱敌，皆惊。上山陈。广之百骑皆大恐，欲驰还走。广曰："吾去大军数十里，今如此以百骑走，匈奴追射我立尽。今我留，匈奴必以我为大军诱之，必不敢击我。"广令诸骑曰："前！"前，未到匈奴陈二里所，止。令曰："皆下马解鞍！"其骑曰："虏多且近，即有急，奈何？"广曰："彼虏以我为走，今皆解鞍以示不走，用坚其意。"于是胡骑遂不敢击。有白马将出护其兵，李广上马与十余骑犇射杀白马将，而复还至骑中，解鞍，令士皆纵马卧。是时会暮，胡兵终怪之，不敢击。夜半时，胡兵亦以为汉有伏军于旁，欲夜取之，胡皆引兵而去。平旦，李广乃归其大军。

广以卫尉为将军，出雁门击匈奴。匈奴兵多，破败广军，生得广，单于素闻广贤，令曰："得李广必生致之！"胡骑得广，广时伤病，置两马间，络而盛卧广，行十余里。广佯死，睨其旁有一胡儿骑善马，广暂腾而上胡儿马，因推堕儿，取其弓，鞭马南驰数十里，复得其余军，因引而入塞。匈奴捕者，骑数百追之，广行取胡儿弓射杀追骑，以故得脱。

广为人长，猿臂，其善射亦天性也。虽其子孙他人学者，莫能及广。广讷口少言，与人居则画地为军阵，射阔狭以饮。专以射为戏，竟死。

魏晋南北朝时期的体育

1. 魏晋体育现裂痕

在魏晋南北朝时期，我国传统的体育风尚受到了猛烈的冲击并发生了明显的裂变。这种冲击主要来自三个方面：一是分裂割据的政治格局和战乱频仍的社会环境的冲击；二是各民族融合与斗争的历史大潮的冲击；三是玄学、佛教和道教三大思想文化的冲击。由于这些冲击，使得两汉以来已初步自成体系的体育风尚出现了显著的裂痕，造成了结构上的极端不平衡性。一些体育风尚因失去生存的基本条件和环境而趋于衰微，终至无人问津；一些体育风尚却因获得新生的沃土而兴盛起来，甚至走向畸形的繁荣。再加上各朝、各地与各族之间生活习俗方面存在着明显差异，更使得这一时期的体育风尚呈现出错综复杂而又风格独具的历史画面。

西晋王朝短暂的统一结束之后，接踵而来的先是黄河流域的分裂割据，继之以南北的隔江对峙。长达数百年之久的社会大动乱和连年不断的战争，极大地破坏了正常的经济秩序和生活秩序，人民不能安居，导致了民间观赏娱乐性体育活动的萧条衰落。风靡两汉社会的蹴鞠活动在两晋南北朝时期鲜见于史籍记载，似乎从社会生活中彻底消失了。与此相反，由于统治者的提倡和强制，直接为军事征战服务的民间讲武练兵活动却盛极一时，且愈演愈烈。当时北方各国不仅普遍推行"取士选材，必先弓马"的选官制度，而且在一般平民百姓中也经常进行武艺训练和比赛，最后发展成为兵农合一、军政合一的社会制度。即使在生活相对而言比较安定的南方，也有人建议以编户齐民的形式把所有的精壮男子组织起来，教以阵战、骑马、游水、挽强（开弓）、击刺之术，以便随时征调参战（《宋书·周朗传》）。那些因避战乱而举族徙入山林或坞堡的豪强地主，也往往拥有大量的部曲私从和依附农民，时时操戈习兵，以武装自卫。军事体育活动的空前兴盛构成了两晋南北朝时期体育风尚的主要内容。

2. 骑射之术风靡天下

历史上，西北边境的一些游牧民族大规模迁入中原时，往往以强弓劲骑开道，纵横驰骋，势不可挡。黄河流域的滚滚狼烟使军队成分和传统的军事体育风尚发生重大变化，重装骑兵成为军队的核心力量和主宰战场的胜负之神，骑射为职业的风俗习惯与中原汉族重弓马之术的传统习尚相互渗透融合，使骑射之术盛行于当时社会各个阶层。南方地区统治者为苟安图存，恢复中原，征召弓马娴熟者入伍，骑射之术在军队和民间亦有一定程度发展，但远逊于北方。

北方骑射之术的空前盛行是在北魏王朝统治时期。北魏太武帝戎马一生，南征北战，酷爱骑射，曾专门在长川修筑了一个规模很大的马射台，大会群臣百官于此比试射艺。由于骑射之术风靡全国，且成为经常性的体育比赛项目，到北魏末年出现了一种别开生面的争夺射箭"银杯奖"的比赛。

在开放的社会风气和尚武精神的影响下，一些北国妇女甚至也喜欢上了骑射，经常是身着戎装，佩弓带箭，驰马弯弓于野外，民间广为流传的花木兰女扮男装替父从军的故事就产生于这个时期。

此外，一些少数民族入主中原后，除保持本民族传统的尚武精神外，还接受了汉族传统的体育风尚和礼仪制度，很快走上了汉化的道路。比如儒学所倡导的一些具有礼节色彩的大射、燕射和乡射等活动，在北朝王公贵族中间就已经相当流行。北魏孝文帝推行汉化改革后即经常在朝殿举行大射之礼。而统一北方的青年皇帝北周武帝宇文邕更是十分推崇礼射制度，曾数次会文武百官于长安正武殿，亲行大射、乡射之礼，以示倡导。

3. 围棋、投壶盛极一时

魏晋南北朝时期，士族官僚崇尚清谈、钟情宴请而对政事失去兴趣，使向来有文雅不俗之称的围棋活动日益风行于上流社会中间。而投壶游戏能够愉悦耳目、放松心情的特点也深为一些帝王将相所爱。一些恨透了乱世里勾心斗角、尔虞我诈场面的文人学士，更是常常以围棋、投壶来消解忧愁，躲避尘世。因此，围棋和投壶在这一时期呈现出历史上少有的繁荣兴盛的景象。

西晋初年，司马炎首先把围棋引入宫廷，并常召朝臣切磋棋艺，乐此不疲。其孙早年为皇太子时也颇好此道。东晋南朝，随着清谈玄学的空前流行，弈棋之风更加旺盛，上自帝王将相，下至州郡百官莫不对弈棋产生浓厚兴趣，并以此相互夸示，就连宋、齐、梁、陈各朝君主爱好围棋者也大有人在。宋文帝刘义隆曾命人遍录当时围棋高手对局图谱，藏于后宫，视为珍宝，时常取出来把玩欣赏。

由于弈棋之风盛行于朝野，南朝时不仅出现了评定棋艺高低的"棋品制"，而且还多次举行全国性的围棋比赛。

棋品制将天下棋手分为九个等级，亦称"九品"。棋手的品级往往由皇帝任命的举世公认的弈棋大师负责审查评定，或者直接在围棋对抗赛中产生，所以基本上是公正的，但也不乏一些滥竽充数者。后来，南朝产生的围棋九品制随着中日之间文化体育交流传入日本，演变为日本今天依旧流行的围棋九段制。

投壶是与弈棋之风并行不悖且得到广泛开展的一项体育活动，是一种愉悦身心的观赏性游戏，在士族、文人的宴饮交往中广为流行。其形式趋于多样化，技艺更加精巧。有一次，南齐竟陵王萧子良因与侍从通宵斗酒投壶误了早朝，齐武帝大怒，问其缘由，无奈之下，萧子良只能如实禀告，结果齐武帝听后兴趣大增，转怒为喜，要求萧子良当堂表演一番。萧子良于是振作精神，妙招连出，赢得文武百

投壶游戏

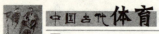
官阵阵喝彩，齐武帝大悦，立刻赏赐其绢帛 20 匹。当时的壶具已经设有双耳，一壶共有三孔，中为壶口，两旁为耳孔，耳孔小于壶口，所以投壶者要有相当的耐心和技艺才能投进，并且计算胜负时，"耳算"要加倍于"口算"。

知识链接

最早的军事体育比赛

南朝萧梁跟北齐之间选派力士比武艺，这是南北之间、鲜卑和汉族之间进行体育交流的一个事例。这件事说明，南北朝时期，南北之间虽然常有战争，但经济文化上的交流却并未完全中断。

齐梁比武，也反映了南北两方的体育状况。南朝文弱，北朝武勇，军事体育也不能不受整个社会风气和体育状况的影响。在齐梁力士的比赛中，梁朝代表大败也就不奇怪了。不过，齐梁之间的这次比武，还是有历史意义的，这是我国古代有明确记载的最早的国与国之间互派军事体育代表进行比赛。

4. 横渡长江的水军将领

东汉亡，魏蜀吴三国鼎立，形成割据局面。那时天险长江成为兵家必争之地。割据各方为了争夺长江的控制权，都竭力扩建水军。长篇小说《三国演义》曾非常生动地描写过赤壁之战。其中的人和事虽有虚构，但它毕竟是优秀的历史题材小说，具有一定的历史真实性。从那威武雄壮的赤壁之战描绘中，我们可以看到当年庞大的水军建制。

西晋水军将领王浚率领水军沿长江而下，曾一举攻克吴国的石头城（今南京），立了战功。他建造的大型战舰，一艘可装 2000 多将士，船上可以跑马，是够大的了。仅从这一例子，就可以想象得到那时水军的状况了。

由于水上作战的需要，游泳在当时更为普及，水平要求就更高了。王浚本人就是一个游泳好手，可以横渡长江。

 5. 围棋段位的由来

南朝年间形成爱好文墨、崇尚智巧的社会风气，和崇武尚勇的北朝形成鲜明的对比。在这种社会风气之下，南朝体育的发展受到种种局限，只有那些供士大夫消闲娱乐的项目才得到较大的发展。

围棋本来可以锻炼智力，又可以不费太多体力消闲娱乐，所以，南朝围棋风气极盛。南朝历代帝王中都有些下棋成癖的人，

围棋棋盘

有的皇帝下起棋来甚至通宵达旦。不少帝王悉心研究围棋，校定棋谱，如梁武帝写有《棋法》《棋品》，梁简文帝写有《棋品》，齐高帝写有《棋图》。为了随时能以围棋消遣，有的帝王还在宫中设置棋署，把一些围棋高手养在身边。这一做法影响到后代，如唐代就专门设有"棋待诏"的官职。

由于围棋盛行，比赛频繁，棋手们的水平自然可分出高低，于是开始"品定"棋手。梁武帝曾要柳恽"品定"棋手，按棋艺高低出榜公布，一次公布的有一定水平的棋手就有278人。那时棋手分为九品，以一品为高。有人还写了《棋九品序》。这是围棋棋手分等级的最早记录，大约也是古代第一次公布"等级运动员"名单。从此，围棋棋手分成九等一直不变。到了宋代，围棋手仍分九等，每一等还有特定的名称：入神、坐照、具体、通幽、用智、小巧、斗力，若愚、守拙。直到现在，围棋棋手仍分九等，不过，已不称为"品"而称为"段"，一至九段中，以九段为高。围棋棋手的"段位"制，大约是从日本引进的。因为日文中"段"就是"等""级"的意思，所以，"段位"之称仍然来源于"品位"之名。也就是说，现代围棋棋手的"段位"制还是我国古代"品位"制的继续。

下面一篇文章是司马光的《谢安弈棋》，写谢安下围棋，原意本不在于评论他棋艺的高低，而在于通过写棋来写人，写谢安运筹帷幄，决胜千里。但是，我们从作者的描写中，却不难了解南朝围棋之风的盛况，它甚至成了朝廷大臣和官僚贵族们日常生活的一个部分，即使在敌方百万大军压境，朝廷

宗庙命运难测的时候，人们在思索破敌保国大计的时候，一边也还在下围棋。

谢安弈棋

司马光

是时秦兵既盛，都下震恐。谢玄入，问计于谢安。安夷然，答曰："已有别旨。"既而寂然。玄不敢复言，乃令张玄重请。安遂命驾出游山墅，亲朋毕集，与玄围棋赌墅。安棋常劣于玄，是日，玄惧，便为敌手而又不胜。安遂游陟，至夜乃还。桓冲深以根本为忧，遣精锐三千入卫京师；谢安固却之，曰："朝廷处分已定，兵甲无阙，西藩宜以为防。"冲对佐吏叹曰："谢安石有庙堂之量，不闲将略，今大敌垂至，方游谈不暇，遣诸不经事少年拒之，众又寡弱，天下事已可知，吾其左衽矣！"……谢安得驿书，知秦兵已败，时方与客围棋，摄书置床上，了无喜色，围棋如故。客问之，徐答曰："小儿辈遂已破贼。"既罢，还内，过户限，不觉屐齿之折。

南朝围棋的盛行，固然是那个文弱社会的一种表现，但对围棋的发展还是有积极作用的。

6. 武术独立发展的趋势

葛洪自小学习射箭，后来又学过刀盾、大刀、双戟、棍术等。在学习刀盾、大刀、双戟时，师傅有口诀要求和秘法。这表明当时武术的某种程式和套路已初步形成。由此可知，魏晋时期武术已显示出独立发展的趋势。那些口诀要求和秘法，通过口传身授，代代相传，并不断得到完善。它对后代武术的发展自然有着不容忽视的作用。当然，那时的武术还没有从军事武艺中单独分离出来，各种兵器的主要作用还在于实战，如葛洪所说，还在于"御敌辟劫"。

少尝学射，但力少不能挽强，若颜高之弓耳。意为射既在六艺，又可以御敌辟劫及取鸟兽，是以习之。昔在军旅，曾手射追骑应弦而倒，杀二贼一马，遂得以免，又曾受刀盾及单刀、双戟，皆有口诀要求；以待取人，乃有秘一法，其巧入神。若以此道与不晓者对，便可以当全胜，所向无敌矣。晚又学七尺杖术，可以入白刃，取大戟。然亦是不急之末学，知之如麟角凤距，何必用之。

习武的葛洪同时又把武功说成是"不急之末学"，认为这是一种用途不大的东西，属低级本领。这反映了当时"重文轻武"的风气仍然很盛。这对武术的独立发展起到了一定的消极作用。

第四章

璀璨夺目的隋唐体育

　　随着三国两晋南北朝民族大迁徙、大融合的滚滚车轮从战争的硝烟中驶过，历史终于进入了中国封建社会的高峰期——隋唐盛世。从沧桑历史的千百次辗转中，我们可以看到，在新的历史形势下，传统思想有所弛禁，新兴思想相继出现，步履维艰的体育娱乐等文化事业在新的土壤中汲取了充足的养分，于是重新焕发生机，蓬勃发展，展示出了灿烂的前景。

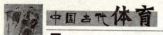

第一节
隋唐体育发展的历史背景

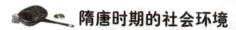 **隋唐时期的社会环境**

公元 581 年，杨坚篡夺北周政权。589 年灭陈，中国重归统一。

隋初继行均田制，农业发展，人口增加，经济很快繁荣，粮食布帛堆积如山，在许多地方建立了巨大的仓城。

唐朝建立后，政治、法律、军事、科举等继承隋制，并更加完备。从"贞观之治"到"开元之治"百余年出现盛世，人均粮食产量近千斤。国库仓储粮食百万石，青、齐间斗米三文钱，绢一匹二百钱。杜甫诗曰：

"忆昔开元全盛日，小邑犹藏万家室。稻米流脂粟米白，公私仓廪俱丰实。"（杜甫《忆昔》）

在国家统一安定、社会经济繁荣的背景下，隋唐娱乐体育得到较大发展。隋炀帝大业六年（610 年）作"角抵大戏于端门街，天下奇伎异艺毕集，终月而罢"。唐朝则盛行各种球类和棋类活动、歌舞等等。

隋唐实行府兵制、武举制，加上与突厥、吐谷浑作战并取得胜利，重新打开了与西域的联系，发展了军事武艺。唐文成公主到吐蕃（西藏）后，加强了汉藏经济、文化与体育的联系。所有这些都不能不对体育发展产生影响。

隋唐时期，中国文明发达，对周边国家和世界有重大影响，由于交通发达，中外交往频繁，长安成了国际贸易和文化交流中心。朝鲜、日本、印度等国与中国都有密切联系和交往，也自然促进了体育的中外交流。

唐朝佛教壁画

佛教的鼎盛

隋朝两代皇帝崇佛，佛经多于儒经数十、数百倍。唐朝佛教更兴盛。隋、唐均赐予寺庙大批土地、佃户和财物。如隋文帝赐少林寺土地 100 顷，唐太宗赐少林寺地 40 顷、水碾一具等。寺院经济大发展，开始有自己的法律（僧律）和武装（僧兵），僧徒普遍习武，这就是少林武术发展的背景。寺院成就了大地主，因而成为农民起义进攻的对象。与义军为敌的少林寺，曾被农民军"纵火焚塔院"以示惩罚。

隋唐佛教，开始形成各种宗派，各执不同修炼方法、佛学观点而互相斗争，如华严宗近儒学，天台宗近道教。所有这些，在隋唐体育与养生上都有所反映。

道教的影响

道教在隋不见起色，唐皇室自称是老子李耳的后裔，而大力扶植道教。

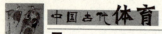
因而道教在唐代勃兴，而且两大流派（符箓派和丹鼎派）中以丹鼎派最为兴盛。因而造成许多皇帝、大臣、名人甚至儒生因服食道士的"不死金丹"而丧命。这种养生学逆流，直到五代才逐渐衰落。

符箓派则主要讲符箓、辟谷和导引之术等，因而唐代道教长生术，不仅包括服食金丹之药，其导引、按摩、注意饮食起居等也得到提倡。这对养生学的发展有一定的积极作用。

第二节
隋唐时期的体育趣事

昙花一现的隋朝体育

汉亡之后，角抵一直沿传不绝，内容也日益丰富。大约在北齐武平年间（570—575 年），角抵才改名为"百戏"，北周宣帝年间（579—580 年），百戏艺人曾被征集到当时的京城表演。隋代百戏正是在汉代角抵戏的基础上发展起来的。

隋朝建国以后，民间百戏一直很兴盛，每年正月十五（元宵），大城市和小镇上常有百戏演出。隋朝初年，为了避免消耗过多的人力和财力，隋文帝杨坚曾经下令遣散百戏艺人，因此，京城百戏表演曾一度中断。直到大业二年（606 年），突厥派人向隋炀帝朝贺，为了显示国力强盛，隋炀帝才下令把百戏艺人集中到洛阳，用百戏来招待突厥使者。这样，百戏才再次兴盛起来。

经过对前代百戏的不断整理和扩充，百戏的内容更加丰富，各类项目达240 余种，每年正月洛阳都要进行大规模的百戏演出。当时有指定的街道专做表演，称为"戏场"；戏场有时竟然连绵八里。大业六年（610 年）三月，洛阳百戏表演竟整整举行了一个月。同年七月，隋炀帝又在榆林（今内蒙古托克托西南）搭起大帐篷设宴招待突厥可汗，有 3500 人"奏百戏之乐"。隋代百戏可谓盛况空前。

隋代百戏的兴盛，首先，是由于隋王朝的统一，赢得了一个短暂的平和安定局面，经济得到一定的恢复和发展，为文化娱乐的发展提供了物质基础。其次，与统治阶级的提倡、整理有密切关系。在封建社会中，尽管统治阶级把百戏及多种表演艺人视为"贱人"，艺人并没有很高的社会地位，但艺人的表演可以娱乐可以消闲，技艺本身也不受政治、经济地位的局限，可以引起不同人物（甚至包括皇帝本人）的爱好，所以，它能得到当权者一定程度的重视而加以提倡和派人整理。这样，百戏技艺便得到了生存的条件。统治阶级的有意识地发掘、整理，也使它有了较为稳定的表演形式，便于流传。所以，隋炀帝等人在客观上为体育的发展起过促进作用。

隋亡以后，百戏逐步分化成多种专门性的表演，如角力逐步演变成相扑，寻橦演变成爬竿和顶竿，继续沿传不绝；但也有些表演项目，如转石，便渐渐失传了。像隋朝统治阶级这样组织起来的大规模的百戏大会演，以后也较为少见。直到宋代，北宋京城汴梁（今开封），逢喜庆节日，仍有汇集一起的民间百戏表演，"声音嘈杂，连绵十里"；南宋临安，在宫廷也有官方组织的称为"百戏"的大规模表演。宋代之后，这种规模宏大的百戏表演便不复再现。尽管如此，隋代百戏的影响仍然可以说是巨大而深远的。

薛道衡的诗，记述了隋朝洛阳城内一次盛大百戏表演的实况。从诗中，我们可以看到当年洛阳车马不绝、歌舞升平的景象，也可以看到那些贵族妇女们衣裙悉索、香气溢路、高高兴兴地步入戏场，前往观赏百戏表演的场面。它生动地表现了隋代百戏繁荣兴旺的社会环境和物质基础，也使我们能够更具体地了解丰富多彩的隋代百戏。

和许给事善心戏场转韵

薛道衡

京洛重新年，复属月轮圆。云间璧独转，空间镜孤悬。万方皆集会，百戏尽来前。临衢车不绝，夹道阁相连。惊鸿出洛水，翔鹤下伊川。艳质回风雪，笙歌韵管弦。佳丽俨成行，相携入戏场。衣类何平叔，人同张子房。高高城里髻，峨峨楼上妆；罗裙飞孔雀，绮带垂鸳鸯；月映班姬扇，风飘韩寿香。竟夕鱼负灯，彻夜龙衔烛。欢笑无穷已，歌弦还相续。羌笛陇头吟，胡舞龟兹曲。假面饰金银，盛服摇珠玉。宵深戏未阑，竞为人所难。卧驱飞玉

勒，立骑转银鞍。纵横既跃剑，挥霍复跳丸。抑扬百兽舞，盘珊五禽戏。狡狯弄斑足，巨象垂长鼻。青羊跪复跳，白马回旋骑。忽睹罗浮起，俄看郁昌至。峰岭既崔嵬，林丛亦青翠。麇鹿下腾倚，猿猴或蹲跂。金徒列旧刻，玉律动新灰。甲蒌垂陌柳，残花散苑梅。繁星渐寥落，斜月尚徘徊。王孙犹劳戏，公子未归来。共酌琼酥酒，同倾鹦鹉杯。昔天逢圣日，兆庶喜康哉！

唐朝皇帝嗜体育

中国历史上帝王喜爱体育活动的不少，但主要是观赏，直接参加体育活动的并不多见。这大概与帝王要时时处处显示自己的神圣与威严有关。而唐代帝王大部分都直接参与体育活动，有的甚至是运动"健将"或能手，为唐代体育的发展起了促进和倡导作用。

唐太宗李世民，是人所周知的卓有文治武功的一代英主，他不仅以他虚心纳谏、善于用人、开创唐初"贞观之治"的繁荣局面而为后人所称道，同时还是一个体育爱好者。史载他"少好弓矢"（《贞观政要》），"尝戏张弓挂矢，好用四羽大苛"（《酉阳杂俎》）。他是一个能"箭穿七札、弓贯六钧"的射箭好手。登基后，他还"每日引数百人于殿前教射，并且亲临射艺考场，射中者当即赏赐刀弓布帛之类物品"。此外，他还是唐代最为盛行的马球运动的倡导者，倡导这项运动在军队和皇亲贵族中开展，仅这一点，就足以反映出他对体育运动的热爱以及对后代体育运动发展的影响了。

唐朝开国皇帝李渊，极喜欢下围棋，甚至到了痴迷的程度。唐太宗李世民也非常喜欢下棋，并且经常与臣下对弈。唐太宗还喜欢研究象棋，就连曾经做过唐太宗的才人，后来成为其儿媳的中国历史上第一位女皇帝——武则天，也是唐初为数不多的象棋爱好者。

一般情况下，宫廷体育是专门为王公贵族的娱乐而设立的，但由于唐代特殊的历史环境，特别是皇帝对体育活动的特殊爱好，使得唐代的宫廷体育呈现出与前朝不同的新气象。它已不再是单一的为帝王将相观赏的活动，而已经具有上自皇帝、下至宫女普遍参与的体育运动性质，这在中国体育史上，是一个极大的进步。出土文物中的唐代四女子击球图铜镜和唐代击球女俑更是唐代宫廷女子马球活动的实物佐证。但是因为马球运动需要宽阔的场地和优良的运动器材，所以只有在宫廷和官宦之家才能举行，平民百姓根本无人问津。

马球的兴盛与政治阴谋

 1. 唐代马球的兴盛

唐代是我国马球盛行的时期，上自皇帝，下至诸王大臣、文人武将，大多都"以此为乐"。马球，在我国古代的史籍上叫击鞠、击球或打球。《宋史·礼志》上说：打球是一种军中的礼节，每年三月，在大明殿举行赛球典礼。皇帝乘马到球场，臣下迎接，依次上马。皇帝击球，教坊作乐奏鼓。皇帝打进了第一个球后，才叫诸王大臣开始比赛。

马球是一种军事训练的手段，同时也是一种很好的娱乐活动。"百马攒蹄近相映，欢声四合壮士呼"。无论是参加打球，还是观看比赛，马球运动都能使人精神振奋。唐代是我国封建社会的鼎盛时期。贞观、开元之时，天下富庶，社会上就需要有一些休闲的娱乐。于是，马球运动就成为社会欢迎的活动了。作战的军士要练武，闲暇的富民要娱乐，这就是唐代马球运动能够蓬勃开展的社会原因。

唐代最高统治者皇帝及王室贵族，大都是喜爱马球活动。"上有好者下必有甚焉"，这是社会现象的一条规律。司马光在《资治通鉴·唐纪》中宗条下，就有这样一句话："上好击球，由此，通俗相尚。"唐代马球运动的发展，和皇帝的倡导也有关系。

《唐书·本纪》中，常常有皇帝幸某处击鞠的记载，说明唐代皇帝大都亲自上场打球。唐皇宫中有好几处马球场是专供皇帝打球的。

唐中宗景龙三年（709），吐蕃赞普派遣他的大臣尚赞咄来迎接金城公主，因知道唐中宗李显最爱看球赛，便带来了一支十人马球队。吐蕃是游牧民族，马匹骏壮，骑术精良，马球技术也很精

唐代打马球图

湛。唐中宗派遣皇宫内的马球队和神策军马球队与之比赛，两战都输了。唐中宗十分生气。这时，唐玄宗还是临淄王，他和嗣虢王李邕、驸马杨慎交、武延秀组成了一支四人贵族马球队，与吐蕃的十人马球队比赛。开赛之后，唐玄宗往来奔驰如风驰电掣，挥动球杖，连连透门，贵族队大获全胜。球赛之后，吐蕃大臣尚赞咄连连称赞说：想不到王爷会有这么好的球技！

唐玄宗一直到老年都十分喜爱打球。天宝六年，他已62岁了，还想参加球赛；经别人劝阻，才坐在场外观看。不知是因他喜爱马球，坚持了体育活动，还是别的什么原因，唐玄宗是唐代皇帝中寿命最长的一个，活了77岁。他在整个封建社会的几百个皇帝中，也算是长寿的了。

2. 马球场上的政治阴谋

唐代的官僚贵族，也多是以打球为乐的。封建官僚贵族的娱乐，常常和奢侈浪费联系在一起。唐中宗的驸马杨慎交、武延秀，在家中修建私人球场；为了使马跑后不扬起尘土，在一千步长的球场上，用油和泥建筑。五代时的吴王杨渥，喜欢在夜间打球，球场四周点上几十根蜡烛照明。一根蜡烛有十围粗，每天耗费数万钱。唐代宗时的剑南节度使郭英义家中养女伎骑驴打球，驴身上的鞍饰及人身上的服装，也要用去数万钱。这真是豪门一场球，贫民几度秋。

官僚军阀们，为了争权夺利，常常无事生非，球场中的风波也会变成政治斗争的恩怨。据《新唐书》记载，成德军节度使李宝臣的弟弟李宝正是魏博节度田承嗣的女婿。有一次，李宝正和他的内弟田维打球，不慎冲撞了田维，使田维堕马身死。田承嗣大怒，因禁了李宝正。从此两家结下了冤仇。刘悟本来是淄青节度使李师古的一个部将，在一次球赛中，刘悟的马头撞了李师古的马；李师古很生气，要杀死刘悟，后因别人劝解而罢，但刘悟从此怀恨在心。李师古死了之后，刘悟杀了李师古的弟弟李师道，自己当了淄青节度使。另据记载，黄巢的部将朱温，背叛了农民起义军，当了唐朝的节度使。他派儿子朱友伦在长安城做监军。在一次球赛中，朱友伦不慎坠马而死。朱温以为是别人有意谋害，便杀死了唐朝许多旧臣来报复。

阴谋暗杀，是封建官僚贵族争权夺利斗争的一种手段。在唐代的马球场上也曾发生过两起谋杀未遂的事件。李忱是唐武宗李炎的叔父，李炎想杀死他但又不便于公开下手，便派人借球赛的机会阴谋暗害。由于李忱骑术精良，

唐代马球

球技高超，才逃过了毒手。唐玄宗晚年宠信安禄山，委以三镇节度使的重任。他的儿子唐肃宗李亨早已窥见安禄山的叛逆野心，几次想借打球的机会杀死他，终因唐玄宗百般袒护而未能如愿。

司马光所编《资治通鉴》记载，天宝十四年，安禄山率兵叛乱，黄河以北的大片土地沦入叛军之手，以颜真卿为代表的抗战派，坚持在敌后抗击叛军。但是，兵少粮缺，形势非常险恶。正在艰难困苦之际，常山太守王俌动摇了，和叛军副帅史思明书信往来，勾勾搭搭，准备率部投降。常山太守部下的军官都是有正义感的汉子，不愿向叛军投降。但王俌的投降行为尚未明朗，不便反对；如他的阴谋一旦成为事实，又有叛军作为外援，则又很难对付。于是，十几个小军官就借赛球的机会，撞倒了王俌的马，另十几骑随后一拥而上，风驰电掣般地跑过，把奸贼王俌踏得尸骨如泥，血染黄土，粉碎了这次投降的阴谋。

唐代马球技术的提高，除了军队中有一批骨干之外，在皇家内园也有一批从全国各地挑选来的马球运动专业人员。在唐代的史籍中，常常可以看到各地节度使向皇帝献"打球供奉"的记载。打球供奉虽然有很高的技术，但在皇帝的眼里，只不过是一种娱乐的玩具而已。他们的生命和生活，都是得不到保障的。唐敬宗李湛是一个喜怒无常、以别人的伤残为欢乐的残暴君主。他常常叫打球供奉半夜赛球，以致经常发生"碎首折臂"的惨事，而他却以此为乐。残酷的暴虐行为终于激起了打球供奉们的反抗。据司马光《资治通鉴》记载，宝历二年（826年）十二月，李湛在郊外打猎，回到宫殿已是夜半，忽然心血来潮，把打球供奉从睡梦中唤醒召来，要他们打球作乐。这时马已困乏，人无准备，又是夜半昏黑，更容易发生危险事故。而李湛一意孤行，毫不听人劝说，为了满足其残暴的本性，非要人伤马残不可。在忍无可忍的情况下，打球供奉苏佐明、王嘉宪、石从宽、阎惟直等人联合起来，杀死了李湛。在警卫重重的皇宫中，这几个打球供奉杀了皇帝，当然逃脱不了被杀的命运。苏佐明等人虽然并不是有计划的起义，并没有像罗马帝国的角斗士斯巴达克斯那样率领一部分义军，摧毁帝国的统治，但他们在封建思想禁锢的皇宫中，敢于拿起武器，杀死被尊称为天子的偶像，这种反抗精神，也是值得赞扬的。而他们勇敢无畏的品质，不能说和从事马球运动没有关系。

知识链接

叹为观止的飞马打球

唐德宗时，河北镇有个姓夏的军官，骑术精良，武艺超群，能拉开几百斤力的弓，尤其精通马球技术。他曾在马球场上，作过一次飞马打球的特技表演，在球场的地上累了十几个铜钱，他飞马奔驰，用手中的球杖击钱，一次只击一枚，而且这一枚铜钱只飞出七丈远。十几枚铜钱，个个如此。击钱的准确程度达到了神奇的地步，如用这种本领在球场上射门，当然是百发百中了。

丰富多彩的唐朝体育活动

 1. 多种多样的射箭活动

唐代，射箭活动广泛开展，形式多种多样。

军中有骑射、弩射、步射，这是练武。军队中常常举行射箭比赛，有时皇帝还亲往观看。武德九年（626年），唐太宗李世民即位后，召见卫队军官，要他们练习骑马，每天带几百人去学射箭。李世民亲自去进行考试，成绩好的立即赏赐弓刀布帛。唐玄宗时，在选拔士兵时，还规定了具体的射箭要求：经过选拔合格的士兵又派专人继续进行教练。射箭一直是军中主要的武艺之一，有严格要求，军中射技一直有较高的水平。

宫廷射箭也多种多样。宫中有专门从事射箭娱乐的男射手和女射手（射生宫女），还有专业性的骑射队"飞骑"（兼任警卫）。皇帝有时还率领射手去皇家园苑打猎，有时射虎，有时射鹿，练习射技。宫女中还有射鸭（用箭射鸭子）、射团（用箭射盛在盘中的米团），这主要是娱乐。

在民间，普通百姓练习射箭的也很多，有的还有射箭特技。有人能闭目而射，百发百中，还能用口衔住射来的箭矢。唐末农民起义军首领黄巢也有高明的骑射本领。

下面这首诗写的是围猎情景，从中可以看到唐代文人的风貌，他们同样可以骑射，而且箭无虚发。

观魏博何相公猎

张祜

晓出禁城东，分围浅草中。

红旗开向日，白马骤迎风。

背手抽金镞，翻身控角弓。

万人齐指处，一雁落寒空。

 2. 摔跤上得厅堂

在唐朝的宫廷里有两个专供皇帝娱乐的地方，一个是教坊司，一个是内园。教坊司里大都是歌舞伎，内园却多是体育表演的健儿。《新唐书》上说："内园恒备角抵之徒。"所谓角抵之徒，就是专门供皇帝观赏的摔跤手。现在摘录一些唐朝历代皇帝观看角抵表演的一些史料，从中既能看到唐代皇帝喜爱这项活动，又能看到唐代角抵发展的面貌。唐玄宗李隆基"每赐宴设酺，大陈山车、旱船，寻橦、走索、飞剑、角抵"。唐宪宗李纯御麟德殿大宴群臣及公主，"观击鞠、角剑之戏，大合乐，极欢而罢"。唐穆宗李恒"幸左神策军观角抵及杂戏"。唐敬宗李湛于宝历二年六月"甲子，观驴鞠、角抵于三殿"。唐文宗李昂"幸勤政楼观角抵、蹴鞠"。唐懿宗李漼"咸通中选隶小儿园，寻入相扑朋"。唐僖宗李儇"弱冠登位，为宦官所狎，内园恒备角抵之徒，以备卒召"。后唐庄宗李存勖"在藩邸，每宴，私与王郁角抵斗胜。郁频不胜，庄宗自矜其能，谓存贤曰：'与尔一搏，如胜，赏尔一郡。'即时角抵，存贤胜，得蔚州刺史"。《文献通考》上说，作为宫廷的娱乐活动，角抵是各种表演节目的压轴戏。

3. 翘木、扛铁之戏

唐太宗以科举取士，冲破了魏晋以来的门阀政治。武则天时，除科举取士外，并增设了武举科目："长安二年，始置武举"。考试的内容除了步射、马射、马枪之外，"又有翘关、负重、身材之选"（《新唐书·选举志》）。这时的翘关已不再举门栓，而是举一种特制的举重器具。"关长丈七尺，径三寸半，凡十举，后手持关距出处无过一尺"。一丈七尺长、三寸半直径的木棍，不算重。举法与春秋时翘关一样，用双手握一端，后手不得离棍端一尺。为什么要用这种举重方式作为考试的内容呢？这与当时兵器的使用有关。唐代骑兵使用的马枪是一丈八尺长，需用两臂力量掌握，而练习翘关正是锻炼两臂的力量。唐代从作战需要出发，制造适合的锻炼器械，这是我国古代从利用生活工具举重向自制体育器械举重迈出了重要的一步。

唐代的举重除了作为军事训练的武举考试之外，还是社会的娱乐活动。《新唐书·兵志》记载，唐玄宗天宝之后，京师军队的纪律废弛，"六军宿卫皆市人，富者贩缯彩，食粱肉，壮者为角抵、拔河、翘木、扛铁之戏"。翘木就是翘关，扛铁则是举各种铁制的器物。宿卫部队练习翘木、扛铁，并非为了训练，而是一种娱乐。在唐宋人笔记小说中，对社会上举各种重物者多有记载。据《歙州图经》记载，绩溪县太微村有个叫汪节的人，到长安城东渭桥边同别人打赌，把一个重千斤的石狮子"投之丈余"，十几个人抬不回来，只好又请他"提而置之故地"。又据《御史台记》记载，有个叫博通的人，能两手托两张桌子，桌子上摆满了酒菜；上下台阶来往数次，而桌子上的酒菜"略无倾泻"。当时为了看博通的表演，"窬主人垣墙，屋宇尽坏，名动京师"。据《北梦琐言》记载，唐僖宗时，四川绵竹县有个王生，他表演了陆地拖船，船上还有12个人在跳舞。直拖至舞蹈完毕，王生"略无倦容"。这些记载都反映了唐代由于民间练力活动的开展，产生了奇才异能的力士。

知识链接

历史悠久的硬功

唐代有一个叫张季弘的人，能把一头驴子掷出老远，也算是很有气力了。有一次，他自告奋勇要去教训一个新媳妇，结果却被吓出一头大汗。原来，这个新媳妇有一手惊人的硬功。

康骈笔下的这个具有惊人硬功的山村妇女，恐怕不是虚构的。在唐代，有硬功的人屡见记载。例如，《朝野佥载》记述，当时有人能把一双布鞋挟在腋下，任别人拉扯也休想拉出来。

早在唐朝以前，有关硬功的记载就已出现，如秦代已有人可以举起八百斤重的鼎，汉代已有"胸突锑锋"（用锋利的枪矛刺前胸）一类表演。徐州博物馆收藏的一块汉画像石上，还有人拔树、搏虎之类的图形……这一切说明，我国硬功的历史是悠久的。

历史记载中的这一类硬功，在今天仍然可以看到。气功师们有时可以用双手拉断青砖，用手掌斫断砖石，用手指钻穿木板等等。这正是对古代硬功的继承和发展。

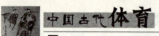

 4. 唐代的大型团体操

唐代宫廷中有一种组字舞，由武则天创造，用来给皇帝祝寿。字由舞蹈的宫女排列组合而成，共16种花样，其中有"皇帝万岁""圣超千古"等字样。参加舞蹈的宫女有140人。组字样时，宫女把身子压低接近地面，用人体有目的地拼凑成字。除这种字舞之外，另有一种"花舞"，也是组字的。不同的是，宫女穿绿衣，举彩色花，组字时，人仰卧在地，举花，有目的地拼凑成字。唐代这种组字舞是一种艺术表演，与今天的大型团体操是十分相似的。

唐代的舞蹈

字舞与花舞的出现，说明唐朝统治阶级对享乐的追求花样翻新，也说明唐代宫廷体育表演非常活跃，而且有所创新。

 5. 寻橦的发展和演变

最早的寻橦与现在的爬竿相似，战国时期已有文字记载，叫"侏儒扶卢"。"侏儒"是一种表演艺人，"扶卢"就是爬竿。到汉朝，是角抵百戏中的一个项目，叫"都卢扶卢"。

唐朝时期，这种表演非常普遍，也有新的发展，当时又叫"都卢缘""掉长竿"，并且已经进入皇宫。据记载，当时有个叫刘交的人，头上能顶70尺长的竿子，竿头放一只盘子，一个12岁的女孩单脚站在盘上。唐德宗年间，有一个妇女叫王大娘，在头上顶一长竿，竿上挂了18个人，她照样能顶着竿子行走。天宝十年（751年）九月，唐玄宗在勤政务本楼观看百戏，有个杂技艺人王大娘头顶一丈八尺长的竹竿旋转舞蹈，竿上吊一木山，木山上有一个孩子一边唱歌一边走来走去。当时有个小孩儿叫刘晏，才10岁，看了这一表演写了一首诗："楼前百戏竞争新，惟有长竿妙入神。谁谓绮罗翻有力，犹自嫌轻更著人。"

6. 绳技——古代的"走钢丝"

绳技，又叫走索、裊巨索、高絚戏。据《晋书·乐志》记载，这是东汉年间随佛教传入我国的，从西域来的佛教徒曾在宫廷表演过。表演时，把长绳系在两根大柱子中间，绳两头各一名舞女，同时向绳中央行走并在绳上舞蹈。这一表演，不久传到了南方。南梁时叫高絚戏，直到隋朝还是这个叫法。

在唐朝，绳技在宫廷盛行。据《唐语林》记载，开元二十四年（736 年）八月初五，唐明皇李隆基曾在宫中观看这种表演。表演时，先在地上埋两个绞盘，绳的两头分别系在绞盘上，地上每隔几丈就立一大柱子，把长绳支起来，拉紧。表演的女子分别从两头上去。表演有鼓伴奏，动作与鼓点合拍。表演的项目很多，有时穿上有齿的鞋在绳上行走，有时在绳上踩高跷（捆在脚上的木棍有六尺长），有时在绳上叠罗汉，三四个人叠得高高的，接着又倒在绳上……

"安史之乱"发生后，空中绳技艺人散落各地，绳技也就由宫廷传入民间。后来，在一些军营和官府上也可以看到这种表演。诗人刘言史在潞州（今山西长治市）的一次宴会上看到这种表演并写了一首诗。这一时期，绳技又叫嫋巨索，白居易的诗中就有"嫋巨索，掉长竿"的句子。

古代绳技一直沿传下来，发展成为现在杂技表演中的"走钢丝"。

7. 唐朝舞蹈

唐代的舞蹈吸收了西北边疆少数民族的健舞，使舞姿更为丰富多彩。杜甫在《观公孙大娘弟子舞剑器行》诗中，写舞剑器的情景是，"㸌如羿射九日落，矫如群帝骖龙翔，来如雷霆收震怒，罢如江海凝清光"。雄壮的舞蹈给观众的感受是"观者如山色沮丧，天地为之久低昂"。唐太宗统一天下后创作"七德舞"（又名秦王破阵乐），"教乐工百二十八人，披银甲执戟而舞。舞初成，观者皆扼腕踊跃"。舞蹈艺术不仅能给人极深的感染力，还能给人以美的启示，如《明皇杂录》上说："开元中，有公孙大娘善舞剑器，僧怀素见之，草书遂长。"《历代名画记》上说："斐旻善舞剑，道玄（吴道子）观旻舞剑毕，挥毫益进。"由此可见，唐代的舞蹈在社会上已有极大的影响。

斐旻是唐代有名的剑舞家。他的剑舞与张旭的草书、吴道子的绘画，被时人称之为"开元三绝"。《独异志》记载,裴旻的剑舞,已不仅仅是配合音乐节拍的击刺进退,而是糅合了杂技的技巧表演,"曼左旋右抽,掷剑入云,高数十丈,若电光下射;曼引手执鞘承之,剑透室而下。观者千百人,无不悚栗。"裴旻剑舞使观众悚惧的,是高数十丈的剑投空而下。这种掷接兵器的技巧,在南北朝时属于杂技表演。《洛阳伽蓝记》记载:"有羽林马僧相善角抵戏,掷戟与百尺树齐。虎贲张车渠掷刀出楼一丈。"裴旻把这种杂技技巧糅合于剑舞之中,遂使剑舞更为生色。宋以后的武术套路,不仅有掷接兵器的技巧,还有翻筋斗、打旋子、劈叉、软翻等技巧动作,更使表演惊险神奇,热烈感人。

裴旻的剑舞已具有武术的特点,它既有左旋右抽的击技,又有舞蹈动作,还有掷接兵器的技巧,为以后的武术发展奠定了基础。从剑舞的发展演变过程来说,舞蹈和技巧都是最初的源流。

第三节
隋唐体育的国际交流

围棋、蹴鞠传入朝鲜

隋唐时期,特别是唐代,中国的经济、文化都处于世界的先进地位,对外交通又比过去发达,因此,隋唐和外国的经济、文化交流有了很大发展。那时,中国的体育也处于世界的先进地位,随着经济、文化交流的发展,体育的交流也日益广泛,盛况空前。

朝鲜是历史悠久的国家。中朝两国唇齿相依,早在秦汉时期就有了友好的交往。朝鲜民族文化发达,人民能歌善舞,也喜好体育。朝鲜的音乐舞蹈,在南北朝初期(公元 5 世纪上半叶)就已传入中国。隋朝时,宫廷乐舞中,

踢蹴鞠

就有了"高丽乐"。

唐朝初年，朝鲜半岛上有高丽、百济和新罗三个国家。许多高丽、百济的音乐、舞蹈家来到长安，他们的技艺很受唐人欢迎。7世纪后，新罗统一了朝鲜半岛，派过很多人到长安留学。在中朝的交往中，朝鲜也吸收了中国的体育。据《旧唐书·高丽传》记载，中国的围棋、投壶、蹴鞠传入高丽，甚受欢迎。

频繁的中日体育交流

中日两国早在汉朝时期就已经有了友好交往，两国的体育交流随之揭开了序幕。曹魏时期，中日互有兵器赠送。汉代至南北朝时期，中国的角力，又名相扑，传入日本。隋、唐时期，中国封建经济、文化进入繁荣阶段；日本则处于封建制代替奴隶制的变革时代，进一步扩大中日交往。当时在两国都有了新的需要和可能，中日交往于是出现了高潮。隋朝时，日本就派有"遣隋使"。唐朝时，日本13次派"遣唐使"来中国。随日本使臣来唐的还有

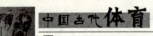
其他官员、技术人员、留学生和学问僧。中国也有使者和访日人士前往日本。双方来往人员主要任务在政治、经济、文化、宗教方面，但是他们也成了中日体育交流的"媒介"和"桥梁"。因此，唐、隋时期，中日体育交流进入了一个新阶段。当时体育交流的内容非常丰富，现分项概述如下：

（1）蹴鞠：日本古代蹴鞠专著《蹴鞠九十九个条》说："鞠始于大唐。"另一古代蹴鞠著作《游庭秘抄》引据《口传集》说："蹴鞠者，起自沧海万里之异域，遍于赤县九陌之皇城。"唐代传入日本之蹴鞠，主要是"一般场户"的踢法，共中的三人场、四人场、八人场等等，在日本的古籍上都有记载。

（2）马球：唐代马球约在8世纪初传入日本。据日本《经国集》一书记载，公元727年，在欢迎勃海靺鞨使节的宴会上，嵯峨天皇和侍臣滋野贞主，观看马球后，各作一首描写赛马球的汉诗。嵯峨的《早春观打球》诗写道："芳春烟景早朝晴，使客乘时出前庭。回杖飞空疑初月，奔球转地似流星。左承右碍当门竞，群踏分行乱雷声，大呼伐鼓催筹急，观者犹嫌都易成。"

嵯峨诗的第二段，脱胎于唐人蔡孕《打球篇》中的"奔星乱下花场里，初月飞来画杖头"；嵯峨诗所用的"打球""初月"（球杖的曲头）"门""伐鼓""筹"等词语，都反映了唐代马球的情况。由此可知，日本马球是由唐传入的。除此，唐代传入日本的还有步打球和"打毽乐"等。

（3）其他体育活动：据《新唐书·东夷列传》记载，唐高宗永徽年间（650—655年）日本射手曾随遣唐使团来中国表演射技。"余人载瓠立数十步外，射无不中"。这种表演促进了中日射术的交流。唐代初期，日本还吸收了中国的射礼。

隋以前，中国围棋已传入日本。隋唐时期，中日围棋交流进一步发展，曾举行过中日围棋比赛。

在隋唐时期中日的密切交往中，中国百戏的一些内容也被日本所吸取。

隋唐、天竺互动频繁

中国和印度半岛各国很早就有往来。因此，中印的体育交流也很早就开始了。东汉安帝时，就有天竺国杂技传来。《旧唐书·乐志》说："大抵散乐杂献多幻术，幻术皆出西域，天竺尤甚。"唐睿宗时，婆罗门还献过乐舞人，

现代演出剧目——秦王破阵舞

即杂技艺人。

　　唐初，中印两国多次有使者往来。那时，玄奘曾去印度学习佛经。他不仅是古代杰出的佛学家和翻译家，而且是世界著名的旅行家。在那交通条件极其落后的时代，他用了 18 年时间，跋涉 5 万余里，克服了种种意想不到的困难，完成了自己的艰巨使命。玄奘为中印文化交流，其中包括体育交流，作出了很大贡献。唐太宗时，有秦王破阵舞，舞者 120 人，披甲执戟，声韵慷慨，舞技惊人，成为当时最受欢迎、最负盛誉的乐舞。玄奘去天竺时，曾向天竺戒日王介绍过这种中国舞蹈。

　　武则天时期，流行一种西域舞，叫泼塞胡戏。舞者骏马胡服，鼓舞跳跃，以水相泼。《旧唐书·张说传》说："自则天末年季冬为泼寒胡戏，中宗尝御楼以观之。"据历史学家考证，此戏"大约起源于天竺和康国（西域的一个国家），经龟兹传入长安"。

　　隋唐时期由天竺传入的佛教导引，除被辑入《千金方》的天竺婆罗门按摩十八势外，《隋书·经籍志》著录有《龙树菩萨养性方》一卷。龙树是公元 2 世纪时印度的高僧，菩萨是印度对高僧的称号，养性方与养生方同义。唐太宗在位时，还请过印度方士，传授长生术。《唐会要》记载："贞观二十二年（648 年）……王元策奉使天竺，得方士那罗迩婆寐。自言寿二百岁，云有长生术。上颇信之，深加敬礼。"

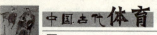 十五桂球传罗马

中国和东罗马帝国从汉代就有了交往。拂菻的杂技幻术自汉代就传入了中国。唐朝前期，东罗马曾七次派使节来中国，中国也有人到过东罗马。唐和东罗马都是重视体育的国家。两国人民往来，在体育方面，也起着交流作用。据《中国体育史参考资料》推断：东罗马吸收唐十五桂球，后又影响到德国，以致产生了德国 11 世纪的九桂球。

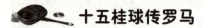 知识链接

盛唐体育的深远影响

自唐以后，蒙古、俄国、越南都流行有同唐"步打球"相似的曲棍球，蒙古、俄国还流行有同唐"打球"相似的马球。据《中国体育史参考资料》分析，这几个国家的曲棍球和马球，都受唐代"步打球"和"打球"的直接或间接影响。但是，没有确切的历史记载。

隋唐时期，中国先进的体育传到东西方各国，产生了深远的影响，对这些国家的体育发展起了推动作用。当然，中国也吸收了外国的体育，因此使中国繁荣的体育更加丰富多彩。

第五章

封建社会后期的体育发展

　　宋代以后的社会，由于封建经济和文化的繁荣，古代体育作为一种文化现象也得到了较快发展。传统的体育形式进一步深入民间，参加体育活动的人数迅速增加，是民间体育空前活跃的时期。运动形式基本上继承了古代传统的体育活动内容，如传统的武术热潮空前高涨，射箭、摔跤持续发展，水上和冰嬉活动异常活跃，儿童体育蓬勃兴起，保健养生术广为应用，棋类活动高峰迭起，整个体育事业发展盛况空前。

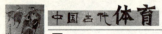

第一节
封建社会后期的体育背景

朝代概况

公元960年，赵匡胤发动兵变，夺取后周政权，建立宋朝，建都开封，史称北宋。中国的封建社会从此进入了后期。

宋代始终是"半壁江山"，并存的有辽（契丹族，916—1125年），西夏（羌族，1038—1127年）和金（女真族，1115—1234年）等少数民族政权。北宋初年，曾两次出兵企图收复北方，均告失败，从此对辽、西夏政权都采取了岁输银绢的妥协退让政策。1115年，女真族兴起于黑龙江流域，建立金国，宋联金夹攻辽，企图收回燕京。1125年，金灭辽。但1126年金军长驱直入，灭北宋，掳徽、钦二宗北返，北宋亡。同年，宋高宗（赵构）为首的文武官员，南渡长江。次年在临安（今杭州）重建政权，史称南宋。

1206年，蒙古人在铁木真率领下勃然兴起。从1218年到1253年征服了西域诸国，吞灭了整个中亚以至俄罗斯和东欧的许多国家。1227年灭西夏，1234年灭金，1276年在元世祖忽必烈指挥下，攻陷临安，1279年统一了全中国。

元代是个短命王朝（1271—1368年），后来被农民起义推翻。紧接着的是中国封建

元太祖铁木真

社会的最后两个王朝：明朝（1368—1644 年）和清朝（1644 —1911 年）。

封建社会后期经济的发展

1. 宋元时期

北宋的统一，结束了五代十国长期的分裂局面，为社会经济的发展创造了条件。按人抽租的租庸调制改为按土地抽税的"两税法"，农民负担进一步减轻，因而宋代社会经济比唐以来有了更大发展。各地农业经济得到了交流，一些省力和效率高的生产工具（如楼车等）得到了推广。江北广种的水稻、粟（谷子）、麦、黍（黄米）、豆等品种推广到江南，大大提高了农业产量。

手工业和商业也发展了起来，唐代的厢坊制度在北宋演变为市、集镇等贸易场所，市民阶层发展。随着物质、文化生活需求的扩大和提高，城市中出现了多种娱乐体育组织和丰富多彩的体育表演，颇受市民欢迎。

元世祖时，南北方农业均得到了恢复和发展，元末北方私田也倾向定租制。元代手工业进一步发展，商业繁盛。"交钞"的使用通行全国，大都、杭州、泉州成为世界闻名的大城市。因而，城市中蹴鞠、打球、围棋都很兴盛。

2. 明清时期

元末农民大起义，推翻了蒙古贵族和色目官僚的统治，也沉重地打击了汉族地主，改善了农民的身份和地位，加上明初统治者采取了一系列有利于恢复发展生产的政策，使经济有了显著的恢复和发展。粮田面积和产量分别比元代增长数倍。高产地区扩大。"苏杭熟，天下足"转为"湖广熟，天下足"。经济作物普遍得到推广，北方各省普及棉花、番薯和玉蜀黍等作物。

明中期以后，由于生产水平提高，社会分工扩大和国内外市场的开拓，商品经济有很大发展，出现了资本主义的某些萌芽。手工业（炼铁、纺织、印刷、漆器、瓷器、造船等）显著发展，全国出现 40 多座较大的商业城市，还有许多以某种行业著称的市镇。商人和手工工人增加，市民阶层壮大。这也促进了娱乐体育活动的发展。

清初，由于长期战乱以及统治者的残暴掠夺，使农业、手工业受到很大

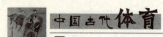
的摧残破坏，人口流亡，土地荒芜，城市萧条，经过"康乾盛世"经济又得到了恢复和发展。全国耕地（8 亿亩）和人口（八九千万）均超过了明代。商品经济得到恢复、发展，在乾隆、嘉庆时期之后也已超过明代。但由于小农经济的大量存在，加上统治阶层实行"重农抑商""闭关锁国"的政策，中国的资本主义始终未发展起来。

清代繁荣的经济，对体育的发展有积极影响，使中国的传统武术发展到高峰，并使民间的摔跤、滑冰、导引养生、棋类等娱乐、体育活动有较大的发展，但蹴鞠、击鞠、投壶等项目则日渐衰亡。

清代的文化、科技、哲学、艺术等的发展对体育也产生了不同程度的影响。

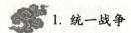 纷繁复杂的军事斗争

宋元明清时期，民族斗争、阶级斗争十分尖锐，战争频繁，大体分以下几类：

1. 统一战争

宋太祖赵匡胤本身就是"殿前都检点"，称帝后重视讲武练兵，为消灭五代十国的封建割据政权，曾整训了 37 万军队，进行了 13 年的统一战争。据《文献通考》记载："太祖建隆三年（962 年）十一月讲武于近郊，六军之容甚盛，帝每御讲武殿，亲临校阅……自是军旅皆精锐。"

元清两代都是以少数民族先统一本部，后问鼎中原。元灭金灭宋，一直打到欧洲，靠的是骑射，清则起自"八旗"制度。

明太祖朱元璋先参加农民起义军，也曾经发动过推翻元朝，统一全国的战争。在他控制的皖南、浙东南根据地，注意恢复生产，加紧练兵，兵农结合，结果粮多兵强，使之从根据地打到全国。

2. 抵御外侮

这类的战争又分中国境内汉族对少数民族和反对外国入侵两类。

北宋时有抵御辽、金、西夏的战争，南宋则主要是抗金，有岳飞、韩世

忠等著名将领以及河北人民的抗金斗争。

明朝主要是抗倭斗争。戚继光训练"戚家军"和俞大猷等人与日本浪人、海盗组成的倭寇苦战十余年（1555—1565 年），才基本上把东南沿海的寇乱肃清。除此之外，还有郑成功收复台湾的战争。

清代前期则有抗御沙俄的斗争，后来签订了《尼布楚条约》和《布连斯奇条约》等。

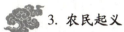
3. 农民起义

两宋 200 余年，农民起义 400 余次，为历代所罕见。北宋初年，黄河和长江流域，许多农民组织起来，"设有教头，练习兵仗"；北宋末年，方腊起义，在浙江睦州（今建德县）邦源洞箭头岭下，建有一里见方的演兵场。

明朝永乐十八年（1402 年）即有山东唐赛儿起义，此后又有叶宗留、刘千斤起义，明末还有李自成等 13 家起义军。

戚继光雕像

清朝乾嘉年间有白莲教王聪儿起义等。

所有这些，都促进了官方和民间军事武艺（军事体育）的发展。

理学思想对体育的影响

理学也称道学，它作为一个时代的哲学思潮，萌于中唐，兴于北宋，盛于南宋，而推行发展于元、明，终结于清代。理学是以儒学为核心的儒、道、佛互相渗透的唯心主义思想体系。其中一种是客观唯心主义，以北宋程颢、程颐和南宋朱熹为代表；另一种是主观唯心主义，以南宋陆九渊为代表。宋代理学家，表面不谈鬼神和仙佛，也不像董仲舒那样鼓吹"天人感应"，而是提出一些新的命题，如"理""天理""心""性"等等，对儒学重新加以修补与阐释，使之更加哲理化，更加虚伪，因而也更能适应封建社会趋向衰落时期统治阶级的需要，成了自宋以后封建社会的官方御用哲学。

他们反对王安石变法。如程颢攻击王安石行"新法"是"以贱凌贵，以邪妨正"。二程和司马光一起破坏"新法"，罢废"兵农合一"政策，从而打击了练兵习武之风。

宋代理学家主张内心自我修养。程颢提出"涵养须用敬"。朱熹认为"持敬须主一"。他们所说的"敬"，就是静的意思。陆九渊提倡"静坐以存本心"。理学家主张的内心自我修养，要之为静。

朱熹还认为人的富贵、贫贱、天寿，"都是天所命"。他说："禀得清高者便贵，禀得衰颓薄浊者便为愚不肖，为贫，为贱，为天。"（均见《朱子语类》）这是"天命"观，以这种观点看待人的寿命长短，实际上就否定了体育锻炼的作用。

理学作为宋代的统治思想，主静，宣扬天寿"天所命"，对当时社会风气产生了很大的影响。文弱之风应之而起，王安石指出："今之学者，其以为文武异事，吾知治文事而已。"（《王荆公年谱考略·上仁宗皇帝言事书》）陈亮也指出："秦桧……备百司庶府，以讲礼乐于其中，其风俗固已华靡。士大夫又从而治园囿、台榭，以乐其生于干戈之余，上下晏安，而钱塘为乐国矣！"（《宋史·陈亮传》）此外，宋代服气、炼丹方术的盛行，宣扬这类方术的书籍充斥民间也都与理学的主静有关。理学的影响也相当深远，宋以后历代主张"静坐"陡身，反对体育运动的人，也多是理学派的门徒。

在理学思想的影响下破坏了王安石新法，压制了军队和民间的练兵习武，助长了文弱之风，推广了炼丹的方术，因此，对当时和后来的体育发展都起了一定的阻碍作用。但是，也应该肯定，服气盛行，从而使气功有了进一步的发展。

第二节
两宋时期的体育趣事

长盛不衰的球类运动

1. 马球

由于受到各种条件的限制，北宋时期的马球运动基本上只在宫廷、贵族、军队中开展。因为马球运动有军事训练的性质，所以备受统治者重视，而且进一步制度化和礼仪化。制度化使马球运动得以定期举行，但繁琐的礼仪则极大地减弱了马球运动的竞争性，从而限制了马球运动的自由发展。

南宋皇帝也曾一度重视马球活动，将其作为锻炼身体、振奋精神的手段，希望借此一雪靖康之耻。因此，马球成为当时军中常见的活动，一来可以用来练兵，二来也可作为娱乐之用。当时，担任军中长官的陆游便经常在抗金前线与军队将士们一起以马球练兵、取乐。由此可见，马球在军队中的地位。

"驴鞠"由唐人发明，武则天时已广为流行，当时此项运动是为适应女子体育的勃兴及女子身体特点而产生的，至宋代仍有发展。只是由于社会风气的变化，以及皇帝的反对，宋代的"驴鞠"运动已不再是女子的专项，而成为专供帝王将相宫廷宴饮取笑逗乐的男子项目了。

值得一提的是，随着商品经济的活跃与发展，高高在上的马球运动也开

打马球

始走出宫廷及豪门府第，进入社会，为广大百姓所共享。到南宋时期，由于平民体育的兴起，马球在平民阶层中得到进一步发展。为了适应城市经济的发展，满足人们日益增长的精神文化生活的需要，民间成立了专门的马球组织，为人们提供良好的打球条件。

另外，由马球演变成的步打球在宋代也有一定程度的发展，成为宫廷里的娱乐项目。宋代在特殊的社会风气的影响下，随着球类运动技术和风尚的变化，步打球逐渐由原来的对抗性比赛演变成后期的非对抗性比赛，并用球穴代替球门，因此，在宋代产生了一种新的体育运动项目——捶丸，并且在元代得到流行与发展。捶丸运动与现在盛行于欧美的高尔夫球运动极其相似，据说欧美的这项运动正是由中国元代传过去的。

 **2. 蹴鞠**

由于受到文弱风气的影响，宋代的蹴鞠运动尽管十分兴盛，但在比赛方式上发生了新的变化，不再像唐代那样设置双球门进行对抗，而是流行一个球门或不设球门的踢法。这种竞赛方式因为运动量不大，对抗性不强，相比于以前的双球门对抗性比赛是一种退步。但因为它技术性高、娱乐性强，不受场地限制，所以比较容易被一般市民接受，这就为蹴鞠活动的商品化提供了条件。这个时期，在两宋民间的市井中还出现了一批专以蹴鞠卖艺谋生的职业艺人。

蹴鞠活动在两宋宫廷和民间，尤其是市民阶层十分流行。当时在宫廷中，为了满足皇帝宴饮时王公贵族观赏的需要，设有专门的蹴鞠队，很多帝王将相对蹴鞠活动颇有兴趣。比如，宋徽宗就十分喜爱蹴鞠，以至于到了爱屋及乌的程度，他的两个宰相李邦彦和高俅都是蹴鞠能手。在民间，蹴鞠成为诸如清明节等一些节日的传统娱乐项目，史书中关于这方面有许多记载。由于这项活动开展时可以不受场地限制，技术性、表演性都很强，极具观赏价值，可以成为街头卖艺的重要内容，即便是在一些繁华都市，也可以经常见到此类卖艺者的身影。在这些卖艺者中，为了适应城市商业经济发展的需要，一些头脑灵活的人，甚至将蹴鞠等活动引入商业机制，以吸引游客。同时这也反映出宋代的商业经济在当时的确是比较发达的。南宋时期，蹴鞠活动在民间进一步发展，出现了类似于现代足球俱乐部组织的专业社团——蹴鞠社。蹴鞠社专以蹴鞠为乐，是当时踢球艺人的行业组织，也是当时富家子弟及一般闲人经常光顾的场所。

3. 向杂耍发展的市民蹴鞠

高俅本是一个市井无赖，然而却靠踢得一脚好球，赢得了宋徽宗赵佶的欢心，一步步地爬上了禁卫军指挥的高位，控制军权，横行霸道了几十年。北宋末年，朝廷政治黑暗的状况由此可知。不过，高俅的发迹史也说明，北宋年间，一般市民和衙役、勤杂人员中，爱好蹴鞠的一定很多。否则，给苏东坡跑腿打杂的高俅不可能踢得一脚好球。而且，高俅发迹之后，他原来那帮狐朋狗友也向皇帝要一官半职，说明这一伙也都是无官无职的人，有些可能就是混迹街头巷尾的无赖。由此可知，蹴鞠活动在普通市民中得到了一定程度的普及。

但是，宋代蹴鞠运动，总体来说是比唐代倒退了。那时，皇帝最欣赏的是高俅玩的这类蹴鞠，即一般场户，是娱乐消闲用的，也不用球门。用球门的蹴鞠赛，那时也还存在，但已从唐代的两个球门、两队的直接对抗赛，倒退到一个球门的非直接对抗赛了。这样，古代蹴鞠的竞技性减弱了，但技巧性却高了一些。这种向杂耍方向的发展，反映了一般市民的体育趣味。

文雅之戏广泛流行

1. 围棋与古代文人的修养

因为受到文弱风气的影响，围棋、象棋、投壶等一些能够修身养性、陶冶情操的活动在宋代文人士大夫阶层中间广为流行。一些著名人士如王安石、宗泽、黄庭坚、文天祥都是围棋高手，苏轼、陆游等人也是围棋爱好者。

王安石是历史上有名的政治家，他精于围棋，也有不少关于下棋的诗。

他把下棋通常只当成一种消遣，作为修身养性的手段，对胜负不去斤斤计较，有一种"宰相肚里能撑船"的风度。这表现了他豁达的围棋娱乐观。

 2. 职业棋手的出现

王安石

南宋京城临安（今杭州）的街市上，有人摆围棋摊子，靠赢别人的棋来赚钱谋生。这种人就是职业棋手，当时叫作"棋工"。

棋工能靠下棋谋生，说明社会上下围棋的人非常多，也有不少人来跟他对弈；而棋工本人也是下棋高手，对围棋有专门研究。如果没有人来跟他下棋，或者有人来而不能赢棋，棋工就无法维持生活。

围棋能跟其他技艺杂耍一样获利谋生，与城市商业经济的繁荣、市民阶层壮大分不开。那时的临安有120多万人口，其中大多数又是以工商业为活的市民。这样众多的市民，才有可能给棋工提供财源。所以，职业棋手的出现是市民娱乐的产物。

 3. 中国象棋的定型

中国象棋大约有2000多年的历史，它最初是学习军事的一种手段。传说，它是在周武王伐纣的战争中出现的。但这一说法没有得到证实。春秋年间已有象棋活动，南北朝时已产生了多种"象棋"著作，这却是事实。

到了唐代，象棋已跟今天相似。唐代的"宝应象棋"就已有将、卒、车、马等子，走法也跟现在差不多。不过，那时的象棋子一般是铜质立体的，也有瓷质的（后来在福建沿海打捞出来的沉船中已有发现）。经过发展，改成木制雕刻的立体棋子，英国伦敦博物馆内藏有一只残棋子，是一只马头。

象棋棋制、棋盘、棋子的定型是在宋代。司马光《七国象棋》记载的棋子走法跟现在已非常接近。北宋末代皇帝宋徽宗在一首宫词中写有"牙子金书字更明"的句子，说明当时象棋已不用立体象形棋子，而是用象牙制的写金字的棋子了。

　　范仲淹的《赠棋者》和刘克庄的《象弈》是象棋发展史上的重要文献，各自记载了象棋发展的两个重要历程。前者记载了象棋发展中的一个重要变化——棋盘上有了"楚河汉界"。这是到目前为止发现的第一个关于"楚河汉界"的明确记载。至此，象棋已基本定型。刘克庄的诗，对象棋的棋盘、棋子及棋子的走法，对象棋的战略战术，都做了具体描写。这是古代现存文字中对基本定型后的象棋最早而最全面的介绍。从此，象棋的变化就很小了，并一直沿传到现在。

　　中国象棋定型于宋代，不是偶然的，这是象棋随着军事发展而日益完善的结果。宋代，对军事战略战术的研究，特别是火炮在战争中的地位日益重要，影响了跟军事关系十分密切的象棋。另外，宋代市民阶层壮大，广大市民爱好象棋，街头巷尾下棋的很多，这对象棋的定型也有着直接的关系。尽管有人认为普通市民爱好的象棋是"贱人"的娱乐，但恰恰是众多的"贱人"为象棋的完善作出了贡献。南宋时，象棋还进入了宫廷。从周密的《武林旧事》来看，当时宫中有十多名象棋待诏，其中还有一名女待诏叫沈姑姑。这说明，宋代宫廷中有经常性的象棋活动，其地位已大大地提高了。

水嬉活动盛况空前

　　北宋初期，全国尚未实现统一，在平定南方的过程中，为了做好充分准备以适应南方多湖泽的特殊地理环境，宋太祖赵匡胤十分重视对水军的训练，多次亲临军中观看水战演习。至统一南方后，宋太宗曾对宰相说过一段话，大意是，水战是用来平定南方的，现在南方各地已经平定，水战不适合再用，经常操习，意在告诫人们不要忘记战争。此后，宋太宗还特意下诏修筑金明池，大练水军。一时间，金明池不仅作为训练水军之用，而且也被作为水嬉场所。不过随着时间的推移，水上练兵活动逐渐趋于象征性，而作为娱乐健身活动的水嬉则愈加兴盛起来。北宋时期的大型水上活动颇具特色。史书《东京梦华录》中就载有关于皇帝观看水嬉场面的详细描述。

　　任何一种娱乐文化都是社会活动的产物，并且在它产生后也要服务于社会环境。当时，水嬉在宋代军中开展较为普遍。南宋时期，平时的水嬉曾被用于抗击西夏、金的战场上，为军事服务，并且起到显著效果。例如抗金名将刘琦率领部队抗击金军时，金军用船运送粮草补充军需，刘琦派军中善于潜水者暗中将金军木船凿穿，使其沉没，结果导致金军粮草断绝，无力抵抗，宋军大获全胜。

即便是在宋室南渡、大敌当前的社会环境下，水嬉活动依旧十分盛行，钱塘弄潮便是当时颇具特色的水上活动。每年钱塘江潮水涨起时，便有大批的弄潮儿披发文身，手持彩旗，迎潮而上，奋勇争先。"弄潮儿向潮头立，手把红旗旗不湿"。一时间，彩旗在水面上穿梭往来，如同千帆竞渡，引人入胜。钱塘弄潮的风尚表现出极强的生命力，并逐渐融入当地的节日风俗中，成为中国优秀传统文化中一道亮丽的风景。

1. 新奇的掷水球

我国古代也有水球，宋代宫廷中就有水球比赛。不过，古代水球跟现代水球有很大的区别。古代水球不是在水中赛球，而是把球掷入水中，比谁投得远来分胜负。

赵佶的一首宫词描写了古代水球比赛的情况。除这首宫词外，我国古代的掷水球运动还没有见到更为详细的记载。

掷 水 球

赵　佶

苑西廊畔碧沟长，修竹森森绿影凉。

掷球戏水争远近，流星一点耀波光。

2. 跳水运动的前身——水秋千

北宋京城汴梁（今开封）有一个人工大池，周围九里，每年清明前后，皇帝就到这里游玩，观看各种水上表演。水秋千就是其中一个表演项目。水秋千的具体玩法是：在船上立秋千架，一人荡秋千，旁边有音乐伴奏；当秋千荡得很高时，秋千上的人就翻着跟斗，跳进水中。这种表演，跟现代高台花样跳水非常相似，可以说是现代跳水运动的前身。

水秋千的出现不是偶然的，它跟北宋年间广泛开展的水上运动有关。当时的开封，除金明池外，还有凝祥、琼林、玉津三处大池，都是皇帝游乐和观看水上运动的地方，也是水军演习的场所。其中，金明池和琼林苑每年清明还向百姓开放，城市居民和郊区男男女女，都可以前往观看。由此可知，当时的水上运动是广泛开展的，十分热闹。

金明池

 3. 女子摔跤

宋代的史料上有称摔跤为相扑的，也有称为角抵的。摔跤也是宋代宫廷宴会娱乐的压轴节目。《宋史·乐志》记载："（宴会）第十九（项表演）用角抵，宴毕。"《东京梦华录》在"天宁节"条中记载："第九盏御酒慢曲子，宰臣酒慢曲子，百官酒舞三台，左右军相扑。宴退，臣僚皆簪花归私第。"除了皇宫中的宴会有相扑表演之外，朝廷的外交宴会也有相扑比赛。据《宋史·礼志》记载：使人到阙筵宴，"凡用乐人三百人……相扑一十五人，于御前内等子差。"

内等子就是皇帝御前的徒手侍卫。《梦粱录》载："内等子，隶御前忠佐军头引见司所管，于殿步诸军选膂力者充应名额，即虎贲郎将耳。每遇拜郊明堂大礼，驾前只顶帽、鬓发蓬松，握拳左右行者是也。"这些人都是摔跤能手。有规定的名额，上、中等各五对，下等八对；"三年一次，就本司争拣上下名次入额"。

宋代由于商业和手工业的发展，城市经济繁荣，大城市如汴梁、临安人口增至几十万，城市中开始有了供市民们娱乐的"瓦子"。在"瓦子"的各种娱乐表演项目中，相扑表演是最受欢迎的，相扑艺人也是各种表演艺人中最多的。据《都城纪胜》《梦粱录》《武林旧事》诸书记载，仅南宋临安城一地就有著名的相扑艺人五六十之多，如撞倒山、金板沓、曹铁凛、周黑大、曹铁拳、王急快、董急快、韩铁柱、黑八郎等，这些都是摔跤好手。

宋代社会上喜爱看相扑比赛，这在《水浒全传》中有较详细的描写。燕青和任原在泰山庙会上相扑比赛，台下的观众有数万香官，两边排得似鱼鳞一般，廊庑屋脊上都坐满了。这些香官观众，来自全国各地，"一者烧香，二者乃为着看任原本事，三来也要偷学他几路"。这反映了宋代相扑的开展有广泛的群众性。

宋代，称相扑比赛的规则叫"社条"，称裁判为"部署"。由于在比赛中可能会失手死人，赛前双方都要立下生死文书。这在《水浒全传》第七十四回写燕青与任原的比赛中可知。"燕青再上台来，要与任原放对。部署向他先要了文书，怀中取出相扑社条读了一遍，对燕青道：'你省得吗？不许暗算！'燕青冷笑道：'我单只这个水裤儿，暗算他什么？'"可见，相扑中最重要的规则是不许暗算，这是保证比赛能公平进行的前提条件。

宋代已经有了全国性的相扑比赛。《梦粱录》记载："若论护国寺南高峰露台争交，须择诸道州郡膂力高强、天下无对者，方可夺其赏。"如头赏者，可得奖品旗帐、银杯、彩缎、锦袄、马匹等。南宋临安城的南高峰比赛是全国最高级的比赛，赢得头名所获得的奖品是很丰盛的。宋理宗景定年间，温州的韩福夺得了冠军，不仅获得奖品，还被封了官"补军佐之职"。《水浒全传》上写的泰山庙会的比赛也是全国性的比赛。任原在擂台上夸口说："四百座军州，七千余县治，好事香官恭散圣帝，都助将利物来，任原两年白受了。今年辞了圣帝还乡，再也不上山东了，东至日出，西至日没，两轮日月，一合乾坤；南及南蛮，北济幽燕，敢有出来和我争利物的吗？"泰山庙会的相扑是全国性的比赛，连奖品也是全国各地赞助来的。这更说明宋代的相扑运动是具有广泛的群众性的。

明刊《忠义水浒传》中有幅反映宋代摔跤场面的插图，图左上方有一官吏端座，观看摔跤，身旁立着一位侍从。摔跤台下，有不少观者。这幅图和《水浒全传》上所描写的摔跤情景是吻合的。

据《武林旧事》记载，宋代的表演艺人中还有一种"乔相扑"的艺人。乔就是假装的意思，是由一个人俯下身来，穿着假外套，扮成两个人相扑，俗称是"两个小伙子摔跤"。此外，宋代的艺人中还有女相扑手。《梦粱录》记载，临安城有女相扑手"赛关索、嚣三娘、黑四姐"及"张椿等十人"。关于女子相扑艺人，这是我国最早的记载，但女子相扑却不是最早的，早在三国时期，东吴的国主孙皓，就曾"使尚方以金作金步，摇假髻以千数，令宫女着以相扑，早成夕败，辄命更作"。这种以娱乐为目的的相扑，当然不会有多少摔扑的技巧。宋代的女子相扑是讲究技巧的。就以段三娘和王庆的相扑来说，女子敢于和男人比赛，在失败之后，却"毫无羞怒之色，倒把王庆称赞"，表现了虚心学习的态度。宋代的女子相扑排在男子相扑之前，"先以女颩数对打套子，令人观靓，然后以膂力者争交"，这就是相扑表演的开场赛。在北宋时，也有女子单独表演相扑的。司马光《论上元令妇人相扑状》

记载，宋仁宗嘉祐十年正月二十八日，皇帝在宣德门观看各种艺人表演项目，其中就有女子相扑表演。这件事触怒了封建卫道士司马光，他上奏章给皇帝说："臣窃闻今月二十八日，圣驾御宣德门，召诸色艺人备进技艺，赐与银绢，内有妇人相扑者亦被赏赍。上有天子之尊，下有万民之众，后妃侍旁，命妇纵观，而使妇人裸戏于前，殆非所以隆礼法示四方也。"司马光以封建礼教思想反对女子相扑，迎合一部分封建士大夫的心理，对女子相扑运动的开展当然很有影响。

 4. 武术发展的重要转折

宋代是我国武术运动开始走向独立发展的重要转折时期。

武术的这一变化与宋代武学的建立有密切关系。宋代武学始建于庆历三年（1043 年）五月，三个月后停办。到熙宁五年（1072 年），在王安石变法的推动下，又重建武学，地点在周成王庙，招收学员百名，学制三年。选拔文武官员中懂军事和武艺的人担任教员。以后，各州也陆续建立了武学。这样，从中央到地方便形成了一个遍及全国的武艺训练网。宋廷南渡以后，一度停顿的武学在天会十五年（1145 年）很快得到了恢复。正当各州建立武学以后，宋廷又颁布了《教法格》，其中有马射、马枪、马上野战格斗、步兵标排等练习口诀和图像。这对全国武学教学内容的统一当然会有影响，对各种武艺等提供了规范化的动作要求，对武术套路的形成起了积极的促进作用。

武学的建立，不仅使全国上下有了一支专门从事武艺教学和研究的队伍，而且也影响民间对武艺的研究。这期间，民间许多武术卖艺团体纷纷出现，宫廷里也建立了专门的武术表演组织，对武术套路的丰富和完善起到了促进作用。

从此以后，我国武术从内容到形式都开始脱离与战争直接联系，逐步发展成为传统体育中最系统、最重要、流传最广泛的健身项目。

下文记述北宋后期清明节，帝王到宝津楼观看骑射百戏的情况。从内容上看，有武舞、武术单练、对练、合练，杂剧中的武打表演，马术，骑射，马上野战格斗等等。从参加人员来看，有军士、杂剧艺人、乐伎、女童等。文章从一定程度反映了宋代武术的广泛影响及其繁盛情景。

驾登宝津楼诸军呈百戏

孟元老

爆竹响，有烟火就涌出，人面不相觑。烟中有七人，皆披发文身，着青纱短后之衣，锦绣围肚看带；内一人金花小帽，执白旗，余皆头巾，执真刀，互相格斗击刺，作破面剖心之势，谓之"七圣刀"……

又爆仗响，卷退。次有一击小铜锣，引百余人。跣或巾裹，或双髻，各着杂色半臂，围肚看带，以黄白粉涂其面，谓之"抹跣"。各执木棹刀一口，成行列，击锣者指呼，各拜舞起居毕。喝喊变阵子数次，成一字阵，两两出阵格斗，作夺刀击刺之态百端讫。一人弃刀在地，就地掷身，背着地有声，谓之"扳落"。如是数十对讫。复有一装田舍儿者入场，念诵言语讫，有一装村妇者入场，与村夫相值，各持棒杖，互相击触，如相驱态，其村夫者以杖背村妇出场毕……

有黄衣老兵，谓之"黄院子"，数辈执小绣龙旗前，导宫监马骑百余，谓之"妙法院"，女童皆炒龄翘楚，结束如男子。短顶头巾，各着杂色锦绣捻金丝番段窄袍，红绿吊敦束带，莫非玉羁金勒，宝花鞯，艳色耀日，香风袭人。驰骤至楼前，团转数遭，轻帘鼓声，马上亦有呈骁艺者，中贵人许畋押队，招呼成列，鼓声一齐，掷身下马，一手执弓箭，揽缰子，就地如男子仪，拜舞山呼讫。复听鼓声，骗马而上。大抵禁庭如男子装者，便随男子礼起居。复驰骤团旋分合阵子讫。分两阵，两两出阵，左右使马直背射弓，使番枪或草棒，交马野战。呈骁骑讫，引退。

第三节
元朝的体育趣事

别具一格的骑射习俗

建立辽政权的契丹、建立金政权的女真族以及建立元政权的蒙古族，都是善骑射的民族。他们"居住无常""以车马为家""渔猎以食"的生活习惯，不仅造就了他们剽悍健壮的体魄，而且也培育了他们勇武善战的性格，善于骑射则是其最基本的技能。骑马射箭既是他们谋生的手段，也是他们练兵与娱乐的活动内容。

在辽国，每年农历三月三日契丹族的"陶拉葛尔布"节上，都要举行射兔比赛。赛前，先将木雕兔固定为靶，然后将参赛者分为两组，"分朋走马射之，先中者胜"，失败的一组下马向获胜组进酒以示祝贺，即所谓"负朋下马列跪进酒，胜朋马上饮之"（《续文献通考·乐考》）。

和契丹族一样，女真族也是举族上下善于骑射，其民"善骑，上下崖壁如飞。济江不用舟楫，浮马而渡，精射猎，每见巧兽之踪，能蹑而摧之"（《大金国志》卷三九）。由于骑射深受重视，也成为他们体育娱乐活动的主要内容。据《金史·礼志》记载，女真族于重五、中元、重九等节日举行拜天之礼后，常常举行射柳比赛："插柳球场为两行，当射者以尊卑序，各以帕识其枝，去地约数寸，削其皮而白之。先以一人驰马前导，后驰马以无羽横镞箭射之。"成绩以"既断柳，又以手接而驰去者，为上；断而不能接去者，次之；或断其青处，及中而不能断，与不能中者，为负。"显然这种竞技比赛，若非精湛的射艺和娴熟的骑术兼备，是无法完成的。

女真进入汉族地区，尤其是灭北宋以后，为了继续保持本民族的特点和增强武力统治能力，一再强调女真人的骑射活动，大定二十六年（1186年）十月，金世宗曾针对"西南、西北两路招讨司地隘，猛安人户无处围猎，不能闲习骑射"的情况，"委名猛安谋克官依时教练，其弛慢过期及不亲监视，并决罚之"（《金史·世宗纪》）。金章宗时亦规定："女真人及百姓不得用网捕野物，及不得放群雕枉害物命。"其旨"亦恐女真人废射也"。不仅如此，骑射技能还是科举取士、选官的基本条件，如明昌四年（1193），金章宗曾"敕女直进士及第后，仍试以骑射，中选者升擢之"（《金史·章宗纪》）。统治者对骑射的重视，一方面反映出骑射习俗在金人生活中的重要地位，另一方面也反映出随着社会生

骑　射

活环境和方式的变化，女真人进入中原地区后，骑射习俗已日见松弛。

以骑射立国的元蒙民族，更是以善骑射见长，"元起朔方，俗善骑射，因为弓马之利取天下"（《元史·兵志》），其民"家中男子，十五以上，七十以下，无众寡尽签为兵……上马则备战斗，下马则屯聚牧养"。守边"悉遣精锐练习骑射之士"（《元史·兵志》），靠一张弓箭一匹马，创下了横扫欧亚、灭西夏、吞金宋、统一中国的辉煌业绩。在这种举族上下皆重弓马的影响下，崇尚骑马射箭于是成为元蒙民族的传统体育习俗。奇特的是，骑射习俗在蒙古族中不仅仅是为了竞技较艺，而且还用以祭祀消灾，尽管其活动只不过是象征意义的，但从其祈求的美好愿望看，骑射活动在该民族中确实有着十分重要的地位。

据《元史·祭祀志》记载，蒙古族有"射草狗"的习射风俗，"每岁，十二月下旬，择日于西镇国寺内墙下，洒扫平地，……束秆草为人形一，为狗一，剪杂色彩缎为之肠胃，选达官世家之贵重者交射之"，名曰"脱灾"，国俗谓之"射草狗"。每年举行的这种活动，既是一种消灾免祸的祭祀活动，也是一项寓射于乐的竞技比赛。

射葫芦也是元人的娱乐活动。每年清明节、端阳节，人们把装有鹁鸽的葫芦悬于树上，远而射之。但输赢不在于能否射中葫芦，而要使"鸽子飞出，以飞之高下为胜负"，真是别出心裁。

元蒙民族善于骑射的习俗，使该民族中能骑善射之士辈出，如《元史·忙哥撒儿传》记载："挅阿精骑射，帝甚爱之，号为默尔杰，华言善射之尤者也。帝尝与贼遇，将战，有二飞鸷至，帝命挅阿射之。请曰：'射其雄乎？抑雌者乎？'帝曰：'雄者'。挅阿一发坠其雄。"可见其射技之精。《元史·廉希宪传》亦载：廉希宪"尝与近臣校射世祖前，希宪腰插三矢，有欲取以射者，希宪曰：'汝以我为不能耶？但吾弓力稍弱耳。'左右授以劲弓，三发连中。"俨然一种以能骑善射为荣、不能骑善射为耻的风尚。

受中原汉王朝的影响，有的少数民族政权还将本族擅长的骑射技能列入武举考试的制度，如金的武举制中，就有马射、步射的内容。按《金史·选举一》的记载，步射以"能挽一石力弓，以重七钱竹箭，百五十步立贴（靶），十箭内，府试中一箭，省试中二箭，程试中三箭。又远射二百二十步垛，三箭内一箭至者"为合格；马射以"百一十步内，每五十步设高五寸长八寸卧鹿二，能以七斗弓、二大凿头铁箭驰射，府试则许射四反，省试三反，程试二反，皆能中二箭者"为标准。无疑，武举制度对骑射的持续发展，会起到促进作用。

备受青睐的角抵活动

常年的牧猎生活，使草原民族养成了粗犷豪放的性格和尚武精神，其中角抵活动也是他们喜爱的运动项目，开展十分普遍，是他们传统体育习俗的内容之一。

据《续文献通考·乐考》记载，辽时，无论是帝王生辰、宴请群臣，还是册封皇后、招待使节，都有角抵表演。如天显四年（929年）正月，辽太宗"宴群臣及诸国使，观俳优角抵戏"（《辽史·太宗纪》）。重熙十年（1041年）十月，"以皇太子胡卢斡里生，北宰相、驸马撒八宁迎上至其弟宴饮，上命卫士汉人角抵为乐"（《辽史·兴宗纪》）。

与辽一样，金人也十分喜爱角抵活动。角抵高手常被用作统治者的贴身侍卫，如《金史·完颜昂传》记载："（昂）幼时侍太祖，太祖令数人两两角力。时昂年十五，太祖顾曰：'汝能此乎？'对曰：'有命，敢不勉。'遂连仆六人。太祖喜曰：'汝，吾宗弟也，自今勿远左右。'居数日，赐金牌，令牌以侍。"可见角抵活动在金人中开展十分普遍，无论地位尊卑都很喜爱这项活动。再如金代大力士蒲察世杰，擅长角抵，"为人多力，每与武士角力赌羊，辄胜之，能以拳击四岁牛，折肋死"（《金史·蒲察世杰传》）。故在海陵王完颜亮篡夺帝位时，曾被选为完颜亮的护卫。

角力与女子择婿

元朝王室起于北方的蒙古族，在辽阔的草原上以游牧为生，习俗重骑马、射箭和摔跤，称这三项为"男子三项竞技"。在部落联盟选举中，只有"男子三项竞技"超群者，才有资格被推为部落联盟首领。成吉思汗手下的名将合撒儿、别勒古台、木华黎、哲别、苏别额台等，都是"男子三项竞技"的能手。《蒙古秘史》记载，成吉思汗于1218年远征前，商议将汗位委托给皇子。于是拙赤、察哈台二子争汗位，"拙赤起，揪察哈台衣领曰："……若远射败于汝，则敢断其拇指而弃之。若相搏败于汝，则自倒地勿起之，愿听父汗圣旨裁夺。"这表明在蒙古族中继承汗位擅长射箭和摔跤是重要条件之一。在蒙古那达慕大会上，"男子三项竞技"是大会的重要内容，获得冠军的人能得到很多的奖品。直到元朝人主中原之后，还经常进行这三项比赛。《元史》中经常有"赐者钞各千贯（或银千两）"的记载。

蒙古族以游牧为生。妇女在游牧生活中占有相当重要的地位，所以不受封建礼教歧视妇女观念的影响。妇女也可以参加"男子三项竞技"比赛，而且有的妇女还胜过男子。《马可·波罗游记》中《海都女之勇力》记载："国王海都有一女，名叫阿吉牙尼扬，鞑靼语犹言'光耀之月'。此女甚美，甚强勇，其父国中无人以力胜之。其父数欲为之择配，女辄不允，尝言'有人在角力中能胜我者则嫁之，否则，永不适人'。其父许之，听其择嫁所喜之人。1290年，有一贵胄，乃一富强国王之子，勇侠而甚健，闻此女角抵事，欲与之角，携千马毅然来此国中。二人即至角场，相抱互扑，各欲扑对方于地，然久持而胜负不决。最后，女扑王子于地。"在这次相扑比赛之前，王后及大臣均劝阿吉牙尼扬让漂亮的王子得胜，以便成全这次婚姻。但是阿吉牙尼扬断然拒绝。她说："无论怎样，世界上没有任何东西可以使我做任何不对和没有理由的事。"阿吉牙尼扬在比赛场上是一个摔跤的能手，在战场上也是一个作战的勇士。"其父远征，辄携女与俱。盖扈从骑卫中使用武器者，无及其女也。有时女自父军中出突敌阵，手擒一敌人归献其父，其易如鹰之捕鸟。每战所为，辄如此也。"阿吉牙尼扬真是女中豪杰，草原上的雄鹰。

知识链接

别开生面的长跑运动

因为长期迁徙和逐猎的需要，建立金政权的女真族人和建立元朝的蒙古族人不仅具有良好的骑射技能，而且能逐善跑。这在金、元政权建立后的政治角逐中表现尤为明显。金元时期，为了能够及时传递军情、命令，统治者在京城均设有急递铺，急递铺中的急递者都是经过严格训练而善于长跑的士卒，主要负责快速奔跑传递文书，传说急递者可以日行300里而不知疲倦。元世祖时沿用金制，专门组成了一支能跑善走的禁卫军——"贵卫赤"，主要负责都城的警卫工作。"贵由赤"是蒙语音译，意即"快行者"。举行"贵由赤"时，先由官员用绳子横拦住起跑处，号令一发，去掉绳子，赛跑便开始了。参加赛跑的以禁军中的警卫为主，也有朝廷命官的家奴或侍卫人员。所有参加者都可以得到可做一身衣服的绸缎，前三名还可以得到额外的白银和绸缎等奖赏。跑的路线依皇帝所在地不同而分为两条。一条从河西务（今河北武清县境北运河西岸）到大都（今北京）宫中，一条是从泥河儿（今宣化县东十五里）至上京，全程各二百里左右，均超过今天马拉松赛跑的距离。一般是黎蹒出发，巳时（约上午九点到十一点）到达御前，大概需要跑五六个小时。从这些情况看，"贵由赤"已经是有较稳定规则的长跑比赛了。

打马球

辽金元的军中马秋

以骑射立国的辽、金、元，都把马球运动作为训练军队的一种手段。辽时盛行马球，几代皇帝都喜欢马球。辽兴宗耶律宗真曾想禁止渤海人打马球，大臣肖孝宗劝他说："如果禁止了马球，又用什么来训练军队呢？"可见马球在军事上有多么重要的意义。金代甚至把打马球和骑射作为进士科的考试科目。金世宗完颜雍率领将官在常武殿打马毡时曾说过："这是告诉全国：打马

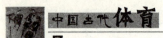

球不过是为了习武练武而已。"元朝军队驻扎的地方筑有球场，马球也是习武练兵的一种手段。

元代的民间女子蹴鞠

元代由于统治者大力推行民族歧视和民族压迫政策，严禁汉人收藏武器和练武、养马，规定"习练角抵之戏，学攻刺之术者，师、弟子并杖七十七"，因而许多体育活动遭到摧残。但蹴鞠却例外，不在禁止之列，因此，蹴鞠在元代反而有所发展，特别是在歌舞伎中十分流行，它和歌舞等一样，成为歌舞伎必须掌握的一种表演技艺。

元代女子蹴鞠盛行的情况，在元代散曲中有许多描写。关汉卿的《女校尉》和《蹴鞠》、邓玉宾的《仕女圆社气球双关》、萨都剌的《妓女蹴鞠》等都是套曲，对女子蹴鞠描写十分细致。从这些散曲来看，当时的女子蹴鞠使用气球，踢法和宋代相似。元代的蹴鞠组织大多称为圆社。为了招徕观众，圆社成员增加了不少妇女，她们常在大庭广众之中表演。

捶丸——我国古代的高尔夫球

高尔夫球是一种运动量不大，比较适合于中老年人进行的一种体育活动，在欧美国家中相当流行。人们常常以为它是"纯粹"的西方体育；某些西方体育历史学家还认为它的发源地就是西方，说它发源于15世纪初期的尼德兰（今天的荷兰）——"高尔夫"一词即来自荷兰语"golf"的音译。

其实，早在13世纪前后，我国就已流行着一种和高尔夫球非常近似的捶丸。它使用和高尔夫球杆很相像，呈"L"状的球杖，玩的方法也很相似：先把球安放在一平方尺左右的球基内，然后依次向数十步至数百步以外的若干球窝内击球。可以是两人对打，也可以是两队之间比赛，以击球入窝数目多的一方为胜。金、元以至明初，捶丸十分盛行。山西洪洞县广胜寺保留至今的元代壁画中还有一幅捶丸图，生动地描绘了捶丸的情景。当时有人对捶丸的历史、捶丸用具的形制和制作、场地、规则等进行了深入研究，写成了《丸经》一书，流传至今。事实证明，捶丸早于高尔夫球，二者的诸多相似之处，令人不能不认为高尔夫源于捶丸。

那么，捶丸又是怎样产生的呢？《丸经》的作者说来源于古代的弄丸。这显然是一种臆断。从捶丸和步打（类似于今天的曲棍球）所使用的球棍相似，流行的时间又很相近来分析，捶丸应是由唐、宋时盛行的步打球发展演变而来的。它可能是适应年老体弱者以及达官贵人的运动需要而产生的。从捶丸盛行的时间分析，它在成吉思汗西侵时传到欧洲的可能性是很大的。

捶丸的规则十分严格，所以它不但被人们作为调养精神（"怡怿乎精神"）、陶冶情操（"正己而求诸身"）的一种手段，还被认为符合养护身体的精深法则（"卫生之微奥"），同时也被作为加强军队纪律（"收其放心"）和进行军事训练（"训将练兵之一伎也"）的好方法。这些也正是捶丸在金、元时特别流行于军队和官吏中的一个原因。

直至明代，捶丸在一般城乡民众中仍大受欢迎。明亡以后，随着清军入关，兴起了一些新的体育项目，捶丸便从史籍中销声匿迹了。

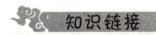 知识链接

妙趣横生的射草狗仪式

蒙古人曾长期信奉萨满教。元朝建立后，统治者采取了允许多种宗教并存的政策，这样，不同风俗和宗教出现了渗透结合的情况。"射草狗"这种仪式就是一例。每年十二月下旬，元大都（今北京）西镇国寺内墙脚下总要绑扎一个草人、一只草狗，由皇帝及贵族依次射过之后，祭以羊羔美酒。祭祀以后，皇帝、皇后、太子、嫔妃和参加射祭的其他人脱下外衣，接受蒙古"巫师"的祝赞，以便祈福脱灾。射草狗（又叫"射天狼""射天狗"）和祭羊羔美酒是萨满教的仪式，接受"巫师"祝赞则是喇嘛教的形式。

从蒙古人的这一仪式中可以看出：射箭是其主要内容，这反映了射猎

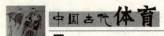
生活在蒙族宗教和文化生活中的重要地位。随着元帝国的灭亡，"射草狗"这种带有浓厚蒙古色彩的射箭活动逐渐消失了，但在古籍和文学作品中却留下了它的踪迹。

第四节
明清时期的体育故事

明清习武热潮浓

每个时代流行的体育文化，一般都受传统的影响和社会环境的制约。如果说宋代兴起的军队与民间武术活动是由于辽、金、西夏等少数民族政权对宋的侵扰这种社会环境所造成的话，那么，也可以说明清时期遍布全国的习武热潮除受两宋传统的影响外，明代始终存在的边患、倭寇的频繁出没、清代的传统尚武之风、尖锐的满汉民族矛盾以及两代风起云涌的农民起义等，就是构成这一习俗的特定条件。

我们知道，中国武术源远流长，是遍布各地的体育习俗，但至明代以前，多应用于军事战争，即以军事武艺为主，虽然两宋时期随着城市经济的发展，大量民间使枪弄棒的艺人涌入城市以艺谋生，使单纯的以强身健体、兼具攻防性质、初成套路的武术从军事武艺中分化出来，但只是初露端倪而已，远未占据主要地位。到了明清时期，商业经济更加繁荣，体育商业化的趋势有增无减，加上这个时期特定的社会环境，使武术活动和军事攻防技术起到了互补的作用，特别是火药的发明并广泛应用于军事，更使以前的拳术和兵器武艺普遍应用于娱乐健身，形成了现代意义上的武术项目。当然，这是对传统武艺的继承和明清两代自身发展的结果。

14—16 世纪，日本的海盗在明朝沿海地区大肆劫掠、走私，给沿海人民造成了巨大的威胁与沉重的灾

中国武术

难，明政府因此十分重视海防，采取各种措施加强海防，永乐十七年（1419年）明总兵刘、江曾大破倭寇于望海蜗（今辽宁金县东北），使倭寇之势大衰，但 16 世纪时，明军腐化，倭寇活动又愈益猖獗，促使沿海人民奋起抗倭，带动了沿海地区民间习武之风。长江下游沙岛上的沙兵、南汇盐民组织的盐丁，都是民间自发的抗倭组织，曾力战有功。在他们的促进下，明廷决心重振军队武风，于是出现了俞大猷、戚继光等著名爱国将领。他们招募新军，进行严格的军事、武艺训练，经过十年的浴血奋战，彻底解决了倭寇的侵扰问题。这就是明代的御倭战争。

御倭战争对明代的习武活动产生了很大影响，这不仅使明军武风得到了振奋，促进了沿海地区的习武热潮，更重要的是因之产生了许多带有武术理论的军事著作！如戚继光的《纪效新书》、何良臣的《阵纪》、唐顺之的《武编》等。特别是《纪效新书》，更是戚继光抗倭斗争的经验结晶，书中所述的拳法、刀法、枪法、棍法、射法等武艺，对当时及后世都产生了积极的影响。

清代，由于始终存在的民族矛盾异常尖锐，统治者在全国各地都驻有重兵防范，加上建立政权的满洲人尚武、重骑射的习俗的影响，故清朝军队中的习武活动也十分频繁。《清史稿·兵志十》记载："为领侍卫府三旗亲军训练之制，镶黄旗、正黄旗、正白旗每月分期习骑射二次，习步射四次。八旗骁营训练之制，每月分期习射六次，都统以下各官亲督之。春秋二季，擐甲

习步射，由本旗定期，擐甲习骑射，由部臣定期。"此外，如前锋、护卫、健锐诸营皆有习武的制度，即便是火器营也必须"月习步射六次，骑射六次，马上技艺六次"。统治者一再强调"以满洲凤重骑射，不可专习鸟枪而废弓矢，有马上枪箭熟习者，勉以优等"。除传统的骑射训练外，八旗军也以"长矛、藤牌、扁刀、短刀之属，各因其地之宜，以教士卒，咸有成法"，足见统治者对军队武艺活动的重视。

满人入关后，推行民族高压政策，为避免人民反抗而严禁民间习武活动，但事与愿违，此举不但没有能遏制人民的反清斗争，而且进一步激化了满汉民族矛盾，民间习武活动或公开或隐蔽，始终浪潮如涌，名手辈出，使武术活动得到了进一步发展。甚至有不少文人也受习武之风的熏陶，研习武术，成为文武兼备的学者，在中国体育史上留下了佳话。如清初著名思想家、史学家黄宗羲，就善于技击，《清史稿·黄宗羲传》说：他父亲为魏忠贤阉党杀害，他曾入京复仇，并大获成功。相传他为了学习梨州技击，苦不阶进，"乃伪为受业于门，三年，乃尽传之"。可见他为学习武术所费的苦心及对武术的痴迷程度。清初著名思想家、学者顾炎武，不仅富有学术成就，而且其臂力技击出众，清兵南下时，他还曾举兵进行过抗清活动。此外，如王夫之、陆世仪、颜元等，都是当时极具民族气节、文武兼备的著名学者。特别是他们在参加反清斗争失败后，纷纷遁迹山林或归田讲学，有的在主持书院期间，还倡导学生习武，更助长了清初大量知识分子习武的热潮。

清代始终存在的民间宗教及秘密结社组织，是清代民间习武活动十分普遍的主要原因和表现形式。为了维护自己的统治地位，清廷从其入主中原之初，就严禁民间宗教活动，采取过种种镇压措施。但广大汉族人民的反清情绪非常高涨，严厉的镇压并未使他们屈服，宗教与结社组织由公开而秘密，由集中而分散，遍布全国。各地的教首设立支派，发展力量，形成了支派林立、名目繁多的局面。如白莲教的支派比较著名的就有八卦（天理）、闻香、混元、无极、无为、先天等等。天地会也有许多分会。这些宗教组织和秘密结社，思想上贯彻的是经典教义，行动上则是习武练拳，伺机进行起义。如山西朔县的善友会，曾于清初举行过起义，其会员都是娴习武艺的人。在《大清世宗宪皇帝圣训》中也有八卦教徒"隶籍于江南之庐，风及河南、山东、直隶、山、陕地方"，其男女会众"皆习拳棒技艺"的记载。此外，神拳会、大刀会等的武术活动也都异常活跃，特别是嘉庆以后，清王朝的统治日益腐化，各种秘密宗教和结社组织的习武活动更趋广泛，许多教首都是著名拳师或其他武术名家，往往通过开场授徒、访友比武等方式，传习武艺，发展教徒或会员，为反清起义做准备。清代的这种情况非常多，故民间的习武活动十分广泛，对武术的传播、发展与拳派的进一步产生都起了积极的推动作用。

戚继光与武术的发展

秦汉时期，剑术练习中已有套路的雏形；六朝年间，缘习刀、杖等已有"口诀要求"和图谱；宋以后，出现了套路练习的较明确的记载。由于套路练习有助于技击技术的规范化和系统化，使单个的技击攻防动作按照一定的程式和要求编排组合起来，便于学习和巩固，所以受到习武者的欢迎。武术中运用套路练习成为历史趋势。

但是，明代之前，习武者多是山野平民和粗鄙武夫，练武多为口传身授，很少用图、文详细记载下来。这就限制了套路的稳定和交流。

戚继光从当时抗倭斗争的需要出发，一方面反对武术练习中的"花法动作"，主张"着着实用"，对套路练习中不同动作性质的连接、平衡、跳跃、造型等攻防意义不大的动作，持批评态度；另一方面，为了提高抗倭军民的实战能力，他又十分重视套路练习。因此，他最早而系统地整理了武术套路，并进行了理论上的说明。在戚继光的著作中，无论是日本传进的双手剑法，还是俞大猷的棍法、唐顺之的枪法，乃至各地乡兵所习的拳法器械，他都虚心学习，择其善者而从之。他博采十六家拳法之长，编创了三十二势长拳，整理了俞公棍、狼筅法、长枪法等，并绘以图形、步法，注明口诀。这是迄今所见最早的有图有文的武术套路记载之一。

戚继光还把自己的理论付诸实践。他训练了一支戚家军，在较大范围内有组织地推行了套路练习。他发明了"鸳鸯队"，把多种兵器的使用统一于一个基层作战单位之中，把套路训练与实战杀敌统一起来，在抗倭战争中发挥了重要作用。在平时的训练中，他把拳法作为练武的基础，明确提出了练心力、手力、足力、身力的一整套身体训练法，制定了"操不操之操"的心理训练原则，使武术的身体、技术和心理训练形成一个完整的体系。这是戚继光对我国武术发展的一大贡献，也是我国武术运动发展到成熟阶段的重要表现之一。

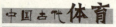

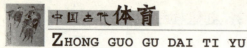少林武功搏浪尖

威震武林的少林武功，在明清两代得到了极大发展，武术活动非常活跃，可谓明清习武热潮中的巅峰，也是这一时期尚武习俗的绝好例证。

嵩山少林寺僧普遍练武并以武功见长，是明清武术高度发展的典型事例之一。明正德年间（1506—1521年），少林寺已"以搏名天下"（曹秉仁《宁波府志》）。嘉靖三十二年（1553年），少林僧众参加了江南御倭之战，"骁勇雄杰"，数年间屡立战功（张鼐《吴淞甲乙倭变志》卷下）。可见少林武术具有实战之效。据《日知录》卷二十九"少林僧兵"条记载，少林寺僧月空率僧徒数十人在松江与倭寇激战，全部牺牲，顾炎武赞其"能执干戈以捍疆场"。另一方面，少林寺僧常以精彩的武术表演接待香客和游人。由于少林武术影响较大，逐渐形成著名的"少林派"。

清兵入关后，少林寺的地位开始下降，因为少林寺的僧众曾多次参加反清复明的活动，所以清朝统治者想方设法限制少林寺的发展，并且曾借口少

少林功夫画像

林寺多明朝遗臣，派兵焚烧了这座寺院，逼迫寺僧出走。然而，这并没有抑制少林武术的影响，相反，因为僧徒四散，少林武术得到更广泛的流传，对民间武术的发展起到积极的推动作用。

随着明清时期城市经济的发展，盛况空前的武术活动在城市中也很活跃。在当时的都城北京随处可以见到形形色色的武会以及身怀绝技的武林高手或者想从武术中探求养生之道的达官贵人。明清时期的武术活动热潮，使中国武术在这一阶段有了真正意义上的新发展，不仅更加强调健身、娱乐作用，而且形成了完整的体系，分化成"内家"与"外家"两大流派。同时，这一时期的中国武术还形成了完整的武术结构，许多拳械之术都有了完整的套路，不但可以用于攻防，而且也可以全面有效地锻炼到身体各个部位，动作紧密连贯，富有节奏，更加有利于武术的学习和传播。并且长时间积累下来的丰富武术经验也催生了许多武术理论专著的出现，尤其是《纪效新书》中关于当时拳法、刀法、枪法、棍法、射法等武艺的描述对于后世产生了积极影响。总之，武术活动的广泛开展反映出人们对体育娱乐文化的追求。由于武术具有多方面的实用价值，所以深受人们喜爱，历久不衰。

骑射习俗持续发展

历史上，能够历朝历代长盛不衰的体育活动为数不多，而骑射便是其中之一。骑射作为中国古代军事作战的基本手段以及北方游牧民族的传统习俗，历来深受重视，这种现象即便是在明清时期也很突出。

明朝初年，统治者十分注意培养文武兼备的人才，将骑射作为军队训练和学校教育的主要内容。明太祖朱元璋是一位很有治国方略的帝王，他主张官员必须文武兼备。当时不仅武举要考骑射，文考也包括骑射项目。所有的学校除了学习四书五经之外，都要设立骑射科目，并将其列为考试内容。所以，当时骑射活动不仅在军中将士间十分流行，而且在儒生文臣中也广泛开展，许多进士出身的文官都有一身不错的骑射本领。这种风尚上行下效，也带动了民间骑射活动的开展，当时民间百姓中善于骑射的高手比比皆是。明末农民起义领袖李自成便是一位骑射高手，据说他可以在50步开外的地方轻松射中刀柄。

同明代相似，清代除了强调骑射在练兵习武中的作用外，也十分注重对八旗子弟的骑射教育。尽管当时火器有所发展，一些重炮开始用于战争，并且发挥了不小的威力，但是骑射在作战中仍具有不可替代的作用。由于清朝满族人素以狩猎为生，以骑射为本，所以清军入关后，狩猎活动从不间断，并且设有皇帝猎场，每年都要举行大规模的田猎活动。清朝统治者不仅大力提倡骑射活动，而且身体力行，乾隆皇帝一生爱好骑射，并且技艺超群，连很多骑射高手都自愧不如。他曾在一次野外狩猎时一箭射中双鹿，一时成为京城美谈。长期的骑射活动使他保持了良好的身体状态，即便是在80岁的高龄，也经常率军进行大规模的田猎活动。由此可见，骑射活动不仅可以用来练兵习武，提高军队的战斗力，而且可以增强体质、振奋精神，起到延年益寿的作用。

清朝的骑射活动虽然十分盛行，影响也很广泛，但清朝末年，随着具有巨大作战威力的近代兵器的广泛应用，骑射活动渐渐失去其军事意义，不再具有实战价值，而只是作为一项可以强身健体的娱乐性活动保存下来，至今在各国和世界的体育竞赛中，仍然设有射箭项目。

 棋类活动高潮迭起

明清时期，棋类活动在宋元发展的基础上，十分兴盛，开展广泛。

1. 围棋

围棋之道以兵家、道家、易家思想做脉络，在简单的黑白世界里，体现着中国人民的智慧。这项活动处处活跃着智慧的因素，棋局变化多端，高深莫测，不仅可以起到修养身心、陶冶情操、锻炼意志的作用，而且还能培养高瞻远瞩的能力。所以一直以来，围棋不仅在平民百姓中有广阔的市场，并且还受到一些政治家、军事家的青睐。

明代，因为统治者的提倡以及民间围棋竞赛的推动，围棋在这一时期得到了长足的进步，显示出更加蓬勃的生机。因为统治者对围棋活动的特殊喜好与大力推崇，许多人便以围棋作为进入仕途的手段。明代国手相子先曾被召入京城与楼得达对弈，结果棋逢对手，相子先屡屡败下，只能认输，皇帝于是命吏部授予楼得达官职。明孝宗时，曾让国手赵九成入殿与众多高手取弈，结果赵九成轻松取胜，而且棋法皆出自棋谱之外。明孝宗大为欣赏，当

即给他封官赐赏。

明代围棋在文人雅士中也很盛行，并且经常与吟诗作赋联系在一起。当时民间各地设有专门的弈棋社团，大大小小的围棋比赛随处可见，围棋比赛的冠军还被誉为"天下第一手"。因为受不同地域环境的影响，一些弈棋流派也相继产生，比较著名的有"永嘉派""新安派"和"京师派"。各派均由当时名扬天下的高手所创，并且风格各异，攻防布局也有不同，逐渐形成了有自己特点的棋风。

除此之外，围棋在妇女、儿童中间也很受欢迎，随着围棋活动的广泛开展，一些高水平的围棋谱也应运而生，比如林应龙的《适情录》、许谷的《石室仙机》、刘仲达的《鸿书》、诸克明的《秋仙遗谱》、冯元仲的《弈且评》和《弈难》等，都对当时的围棋活动的经验做了比较系统的总结。这些围棋谱的相继出现，也反映出围棋之风在当时的广为盛行。

清代的围棋之风较之明代更加兴盛，并且有过之而无不及。围棋技艺在这一时期达到了一个崭新的高度。清代乾隆嘉庆时期，围棋活动甚至出现了中国古代体育史上的最后一个高峰期。棋坛霸主也已经不再是一人当家，而变成多人称霸，比如当时被誉为"四大家"的梁魏今、程兰如、范西屏、施襄夏。其中梁魏今与程兰如齐名，而范西屏与施襄夏则师出一门，四人在棋艺上各有千秋，难分上下。据说，有一次，范西屏与施襄夏对弈，10局过后，依旧平局，不分胜负。当时的围棋评论家在分析二人的棋风时这样概括，范西屏如神龙飞天，变化多端，而施襄夏则如老骥伏枥，固守城池。后来两人还总结各自的实战经验，均有棋谱流传于世，对后世围棋的发展产生很大影响。

 2. 象棋

明代，象棋活动的广泛盛行，涌现出众多象棋高手。当时的象棋高手对棋非常痴迷，经常挟棋行走江湖，寻求对手，许多人也因此名扬天下。明末著名棋手朱晋桢便是一例。朱晋桢曾在棋坛闯荡了30余年，广泛与名手对垒，吸取众家之所长，积累了丰富的实战经验，直至天下无敌。除此之外，他还为后人留下了宝贵的象棋专著——《橘中秘》，此书一经出现便受到时人的推崇，至今依旧为象棋爱好者所称赞。

此时期，大量象棋专著的出现也成为明代象棋活动兴盛的显著标志。各

种专著对象棋布局、残局上的论述形成
了比较完整的体系，规律性更加突出，
所以深受一些象棋研习者的喜爱。这些
著述的出现，一方面反映出明代象棋的
发展水平，另一方面也为中国传统体育
文化作出了宝贵的贡献。

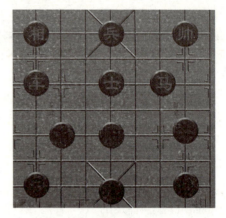

象棋

清代，象棋技艺水平已经发展到了
一个新的阶段，涌现出大批象棋高手及
象棋理论专著。当时，清代民间已经形
成了九大象棋流派，即毗陵派、顺天派、
大同派、武中派、武林派、洪都派、江
夏派、中州派、彝陵派，由于各派荟萃众多象棋名手，所以红极一时，名声
远扬。在棋谱方面，众多佳作更是层出不穷，这其中以王再越的《梅花谱》
最为有名，因其对棋局研究独树一帜，自成一家，所以即便到了今天，在棋
坛上仍享有盛誉。

知识链接

颇受冷落的"满洲棋"

满清统治者为了显示本民族的尚武精神，在传统象棋的基础上创制了
"满洲棋"，以此提高自己在百姓中的形象。满洲棋一方与中国传统象棋一
样，共16子；另一方除了将、士、象、兵不变外，仅剩3个子，但可兼作
马、车、炮使用。因此，持三子一方往往能够在对方守境内纵横穿梭，对
方一旦稍有疏忽，则全盘皆输。正因如此，满洲棋在当时并不盛行，颇受
冷落。

冰嬉活动引人入胜

1. 清代军队的"冰上运动会"

冰上滑行也是一种良好的娱乐活动。在宋代时就有一种以人力牵拉的冰上游戏，是在木板上铺上一些垫褥之类的轻软暖和的物件，两三个人坐在上面，让一个人拉着在冰上滑行，这种活动叫作"冰床""凌床"或"拖床"，因为这种活动最早是由于北方的少数民族发明的一种交通工具，所以也叫做"胡床"。宋代人沈括在《梦溪笔谈》中就提到过这种活动。宋代的皇帝也喜欢这些冰上的娱乐活动，在后苑里"观花，作冰嬉"（《宋史·礼志》）。明朝时，冰嬉被列为宫廷体育活动。有些有钱人家的子弟就在北京积水潭的冰面上玩这种冰床，将十几张床连在一起，上面摆上酒，一边饮酒驱寒，一边滑行。

但是，总的说来，一直到清朝以前，除了北方一些少数民族生活的地区外，冰雪运动开展得并不普及，而且方式也比较简单。

清朝是中国古代冰嬉发展的黄金时代，这与统治清朝的满族人的风俗习惯有直接的关系。满族人（满族的前身是女真人）长期生活在我国现在东北地区的白山黑水之间，那里气候寒冷，冬季漫长。在这样一种自然条件下生活，从小就学习滑雪滑冰，培养出了满族人高超的驾驭冰雪的能力。正是利用满族人的这一特长，清太祖努尔哈赤在统一女真各部的战争中，就建立了一支善于滑冰的机动性很强的部队，这就是他的部将费古烈率领的部队。天命年间（1616—1626年），墨根城遭到蒙古的巴尔虎特部落的围攻，眼看就要守不住了，努尔哈赤命令费古烈星夜驰援，于是费古烈命令士兵全部换上乌喇滑子（冰鞋），火炮由爬犁拉着，在嫩江的冰面上滑行如飞，一天一夜竟然滑了700多里，满族军队赶到时，墨根城正处在千钧一发的紧急关头，突然杀出了这一支生力军，蒙古兵简直不敢相信自己的眼睛，以为他们是从天而降的神兵。

冰嬉图

清廷入关后，把滑冰的习俗也带进了关内，滑冰成为军事训练的一项内容。每年冬至到三九，当冰冻得十分坚实时，清朝的皇帝就要在北京的北海或中南海观看盛大的冰嬉（滑冰表演），来校阅八旗清军滑冰。校阅的规模很大，每年10月份就开始准备，先是选拔参加比赛表演的选手，每一个旗，前锋统领和护军统领各选出滑冰高手200人，共有2000人参加校阅，由内务府提供冰鞋和服装。校阅有速度滑冰和花样滑冰两种形式。速度滑冰要求完成"官趟子"的八种动作姿势，用现在的话来说就是"规定动作"，包括双臂摆动式、背手跑冰式、弯道技术等姿势。花样滑冰的式样更为繁多，有猿猴抱桃、鹞子盘云、金鸡独立、哪吒探海、凤凰展翅、双飞燕、大蝎子、摇身晃、香炉爪等十几种。冰嬉结束后，按照参赛者的表演水平取三个等级的优胜者，每级三名，给予奖励，头等赏银十两，二等八两，三等六两。另外，所有表演者每人发赏银四两，全部由内务府出。现在珍藏在故宫博物院的一幅清朝乾隆时的《冰嬉图》将当时花样滑冰的高超技艺栩栩如生地呈现在人们的面前，冰上健儿们姿态各异，各显绝技，鱼贯而行，组成一条巨龙，蜿蜒盘转，非常壮观。有一首清人作的诗对当时的滑冰技术进行了形象的描写："铁若剑脊冰若镜，似履踏剑摩镜行。其直如矢矢逊疾，剑脊镜面刮有声。左足未住右足进，指前踵后相送迎。有时故意作故侧，凌虚自我随纵横。是耶洛仙非列子，风胡能御波能凌。"

清代军中的这种冰上检阅，可以说是一次规模宏大的"冰上运动会"。直到清代中叶以后，这种检阅才渐渐废止。

2. 清代民间的冰嬉运动

由于清军入关后，滑冰的军事作用越来越小，所以朝娱乐化方向发展得很快。滑冰与其他的文化娱乐结合而产生的新冰嬉形式也开始大量涌现，如滑冰与杂技相结合，出现了冰上杂技，像冰上爬竿、盘杠（即托着木杠滑行）、飞叉、耍刀、使棒、弄幡等等。一些民间的节日庆祝活动，像舞龙、舞狮、跑旱船等也都移到了冰上，在滑行中进行，别有一番风韵。冰床也有了新的发展，在木板下面镶上了铁条，大大加快了滑行速度。冰上拖床的活动开展得更为普遍，在太液池的五龙亭和中海的水云榭前，每当天寒冰冻时，就有许多这样的冰床出现在风景如画的积雪残云中，床上坐三四个人，一人在前牵引，行冰如飞。更有人将若干拖床连结起来，由两三人牵引，在高速滑行中欢饮高歌。在城外的护城河，还有人以这种拖床运送过往行人。除了比赛速度外，还有蜻蜓点水、紫燕穿波、洞宾背剑、哪吒闹海、流星赶月、金蹬朝天数十种花样滑冰。

此外，在古代中国流传已久的足球也移到了冰上，出现了冰上足球，每队由几十人组成，按位置站好，然后将皮革制成的球抛起，球快落地时，大家飞快地滑过去争夺，得到球的队获胜。如看到自己队得不到，而对方有可能得到时就将球踢远，再去争夺。最初，清朝把这种活动作为一种军训手段，在军队中进行，后来也流传到民间，20世纪20年代在什刹海和护城河上还常可以看到老百姓在玩这种冰上足球。

咸丰年间（1851—1861年），有个叫杨二立的人，能在速滑中用弹弓连发两枚弹丸，使弹丸在空中相碰击。清代还有一种称为"打滑挞"的冰上娱乐运动，在滴水成冰的时节，用水浇地，在地上堆成一个三四丈高的冰堆，莹滑无比，然后让身手矫健的兵士，穿带毛的猪皮鞋，从上面挺身直立滑下，能顺利地滑下来不摔跤者为胜（《清稗类钞·技勇》）。这种运动要求有很高的身体平衡能力。

清朝的溜冰器具也有了很大的改善，冰鞋出现了单冰刀、双冰刀两种不同的类型。双冰刀比较平稳，适合初学者练习。与现在的冰刀不同的是，清代的冰刀都比较短，鞋的后跟有一部分下面没有冰刀，这样，可以在需要时用鞋跟触及冰面以便停止滑行，或改变滑行方向。

杂技的发展与清代的皮条、杠子

明清的杂技，除了动作技巧有所发展外，在项目上也有变化。明宪宗行乐图中有鱼跃穿圈。从明代人所绘《三才图会》可以看到，顶竿已改为蹬梯，梯有十三层，"解妇类仰卧，翘双足以承梯，小儿作反腰，歌唱于梯上，不倾欹焉"。清代由手倒立演变而为反腰，"取幼童教之，能令腰曲如弓，反首帖地，口衔地上物，亦名握软腰"。而由爬竿等演化的皮条、杠子，则已经类似现代竞技体操的单杠和吊环了。道光年间刊刻的杨静亭著《都门杂咏》中说，北京城中有皮条表演的艺人。其描写皮条表演的诗云："三条杠木叉来支，中系皮条手中持，鹞子翻身鸭浮水，软中求硬力难施。"李静山的《增补都门杂咏》中，则提到北京城已有单杠表演，艺人叫田跛子，"跌（跛）腿何曾是废人，练成杠子更通神，寒鸭浮水头朝下，通体功夫在上身"。表演的单杠动作已使人有通神的感觉。据《世界体育史》载，现代器械体操创始于德国的杨氏，他被人称为"德国国民体操之父"。他在 1812 年创造了单杠、双杠、木马等器械。现代竞技体操的整体是由外国传入中国的，但其中部分项目是我国固有的，尤其是杂技艺人所创造的高难度动作，以及丰富的练功经验，都成为现在竞技体操训练的宝贵财富。

太极拳

在科学文化发展的推动下，明清养生学得到更为广泛的发展。《八段锦》虽在宋代就有了刊本，但作者不敢写上自己的名字，也没有序言。明清时代有单行本《八段锦》和《易筋经》，明代还有专门辑录养生之道的书，如周履靖的《夷门广牍》、高濂的《遵生八笺》等，都收录了不少我国古代锻炼身体的方法和养生格言。到了清代，有潘蔚刊刻的《内功图说》，辑入了"文八段"和"十二段锦"等多种锻炼身体的方法。总督王祖源在《内功图说》序中申说："能日行一二次，无不身轻体健，百病皆除。从此翔洽太和，共登寿域，不甚善乎！"这表明当时社会上对身体锻炼有了更深的认识。

明清两代养生学发展最大的成就是创编了《太极拳》，并开展了太极拳运动。关于《太极拳》创编的年代，有几种不同的说法，一般人认为是明末清初河南温县陈家沟人陈王廷创编的。《温县志》载陈王廷的《遗词》，其中有这样一段："到而今，年老残喘，只落得《黄庭》一卷随身伴。闷来时造拳，忙来时耕田，教下些弟子儿孙，成龙成虎任方便。"太极拳取名来源于宋代哲学的《太极图说》："无极而太极。太极动而生阳，静而生阴。一动一静，互为其根。"明代的内家拳主练气，以静为主；外家拳主练力，以动为主。太极拳吸取内、外家拳术的精华，刚柔相济，动静结合，"一动一静，互为其根"，所以称之为太极拳。

太极拳创编的目的是："欲天下豪杰，延年益寿，不徒作技艺之末也。""详推此意终何在，延年益寿不老春。"但拳势的套路动作，还是以击技为主，"佯输诈走谁云败，引诱回冲致胜归。""任他巨力来打我，牵动四两拨千斤。"在太极拳的传说中，也流传不少以静制动、战胜强敌的故事。把太极拳进一步改编，去掉其击技成分，使之成为强身保健的拳术，并加以推广传播的，是道光咸丰年间河北省永年县人杨露禅。杨露禅出身贫苦，自幼卖身与陈家沟人陈德瑚家为僮，得从陈长兴学拳。拳艺学成后，到北京以教拳为生。他所教的对象多是王公贵族。他们学拳的目的是为了养生健身，并不善于纵跳奔腾。于是杨露禅进一步改编太极拳的套路、动作姿势，使其更适合于养生健身的练习，称之为杨氏大架。在此之后，河北省永年县人武禹襄、完县人孙禄堂、满族人吴鉴泉，也都根据健身练习的要求改编了太极拳势，于是使太极拳具有多种流派风格，而更加广为流传。

现在太极拳运动已经受到世界各国人民的欢迎。经过养生科学家的分析鉴定，认为太极拳是世界上一种最好的健身运动。它具有锻炼身体的多种功能，内功和外功结合，使呼吸、意念与运动三者和谐统一，"以意导气，运动四肢，气遍全身"。它的动作和缓而又连绵不断，"行同乎流水，如长江大河滔滔不绝"。运动量可大可小，适合于各种不同年龄、不同体质的人从事锻炼。

知识链接

古代的健身运功——散步

散步是一种简便易行、老少皆宜的体育活动。它由来已久，战国时就有赵国左师触龙每天坚持步行三四里以增进健康的记载，汉唐时的不少养生著述也都把散步作为一种养生手段。隋唐时兴盛起来的元宵夜游观灯也是一种散步活动，明清以后它发展、演变为一种"走百病"的风俗活动。每年元宵节之夜，姑娘媳妇、大娘大嫂们相约结伴上街，一人持香在前引路，众人跟在后面，遇桥过桥，叫作"度厄"。男人们远远看见香火就会避开。据说这样走一走，可以整年不病，逢凶化吉，这种想法固然可笑，但这种活动本身却对健康大有益处。与这种走百病相类似的，还有成都等地的走城：在上元节次日，男女老少登上城墙，环城步行一周。这也是一种健身散步活动。至于历代个人把散步作为一种健身活动的，那就更是不胜枚举了。

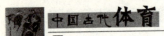
身心两利的旅行

　　旅行，可以使人们领略祖国山河的壮美，了解祖国丰富的文化遗产。同时，旅途中的日晒雨淋还能磨炼人的意志，跋山涉水、长途步行更可收锻炼身体之效。自古以来，许多人都把旅行作为锻炼身体、增长见识、陶冶情操、了解社会的好办法。汉代著名史学家、文学家司马迁，从 20 岁起就遍游海内，访古问俗，写出了不朽巨著《史记》。晋代文学家陶渊明自称"少时壮且厉，抚剑独行游"（《拟古》）。唐代大诗人李白年轻时也曾游历全国——为我们留下了许多歌颂祖国大好河山的壮丽诗篇。北朝时郦道元探山寻水，追根溯源，写下了科学名著《水经注》……

　　在以旅行著称的古人中，明代的徐霞客可算是最著名的一个。徐霞客（1586—1641 年），名弘祖，字振之，霞客是他的号，江阴人。他目睹明末政治黑暗的现实，不愿做官，于是专心旅行。北至山西、河北，南抵云、贵、两广，备尝艰辛。他在途中逐日记载观察所得，首次记下了间歇泉等许多罕见自然现象。后来人们据此整理成了具有很高地理学价值和文学价值的《徐霞客游记》。书中还收录了徐霞客和他的朋友们互相赠答的诗，许多诗反映了徐霞客不畏艰难险阻的大无畏气概，如唐泰的《汗漫歌》即是一例。

汗漫歌

唐　泰

君不见骑龙弄风者，朝游八极暮九野。

狐兔燕雀不敢谋，飞无上兮走无下。

霞客身无翅与鳞，行行不过支两踝。

前行泛泛若虚舟，奈何落落如飘瓦！

脸哉遮莫千万山，毕竟不敌游仙骨一把。

又不见有时星芒足下生，有时海底头上泻。

穷无穷兮未足多，极无极兮取犹采。

东南地尽无秋冬，西北安知有春夏！

影高遗子，胸藏大冶；龙寥廓，尤挥洒。

愿学阿翁骑龙弄风天地间，

除是真仙惯尸解，除是真仙惯尸解！

儿童体育游戏的兴起

明以前的中国古代文献中，除杠杆、走绳等杂技项目外，鲜见儿童体育的内容。大概和新兴的宋明理学对儿童影响小有关，在传统体育呈衰落之势日益明显的情况下，儿童体育游戏却显得比较活跃，构成了中国古代体育习俗的新内容。

前文讲到，在明清时期盛行的儿童体育游戏中，踢毽子、踢石球、鞭陀螺、打栿梭、跳绳、摸瞎鱼等活动随处可见。尽管有些项目并非明清时才产生的，如踢毽子，早在汉代的壁画砖上已有踢毽者的形象，宋代高承《事物纪原》中也记载有"今时小儿以铅锡为钱，装以鸡羽，呼为毽子。三四成群走踢，有里外廉、拖枪、耸膝、突肚、佛顶珠、剪刀、拐子名色……"所踢花样众多。不过像明清时期把这些少儿活动和季节气候相结合，并广为流传的少之又少。明人刘侗、于奕正《帝京景物略·春场》中记载有当时京城流行的儿谣："杨柳儿活，抽陀螺；杨柳儿青，放空钟；杨柳儿死，踢毽子；杨柳发芽儿，打梭儿。"清·潘荣陛《帝京岁时纪胜—岁时杂戏》也有类似的记载："杨柳青，放空钟；杨柳活，抽陀螺；杨柳发，打尜尜；杨柳死，踢毽子。"可见这些儿童体育活动早已约定俗成，在以杨柳变化为标志的不同季节，儿童所进行的体育游戏也有所不同，如"杨柳死，踢毽子"，指的就是杨柳落叶、天气转冷，踢毽子的时候也就到了，"京师十月以后，儿童踢弄之（毽子），足以活血御寒"（《燕京岁时记》）。对民

小孩踢毽子

间大多数贫穷的孩子们来说，这确是一项对身体十分有益的活动，既可御寒防冷，又可锻炼身体，而且娱乐性极强，所以深受大多儿童所喜欢，并且普及甚广，以致出现了专门的踢毽艺人。《帝京岁时纪胜》云："都门有专艺踢毽子者，手舞足蹈，不少停息，若首若面，若背若胸，团转相击，随其高下，动合机宜，不致坠落。"这些艺人的踢法花样繁多，技艺高超，不论"顶、额、口鼻、肩、腹、胸皆可代足。一人能应数敌。自弄则毽子终日不坠"（《通俗编》），这肯定是自小锻炼的结果。

季节性儿童体育游戏除了踢毽子，还有踢石球。据《燕京岁时记》载："十月以后，寒贱之子，琢石为球，以足蹴之，前后交击为胜。盖京师多寒，足指皲冻，儿童踢弄之，足以活血御寒，亦蹴鞠之类也。"

值得深思的是，踢石球和踢毽子皆是由蹴鞠演化而来。石球显而易见是由蹴鞠发展而来，毽子与球形状尽管差异很大，但踢法（花样）与"白打场户"中的"一人场"蹴鞠方法几乎一致，足、膝、腹、胸、肩、头皆可用到，所以《日下旧闻考》说，踢毽子是"蹴鞠之遗事"。《燕京岁时记》也云：踢毽子"亦蹴鞠之类也"。在球类活动日趋冷清的明清时期，踢毽子、石球之所以在儿童中流传盛行，正是一种流传已久的习俗即将消亡时会以其他方式出现，即变种的证明。

鞭陀螺、打梭梭，都是春季流行的儿童体育游戏，也就是儿童所说的："杨柳活，杨柳多，小孩小女闲不过，丝线结鞭鞭陀螺；鞭陀螺，陀螺起；陀螺起，鞭不已。"陀螺的种类很多，能以木制、陶制、竹制、砖瓦磨制，以鞭抽打，使之在地上旋转，并以旋转时间长短定胜负。打梭梭，是"小儿以木二寸，制如枣核，置地而棒之，一击令起，随一击令远，以近为负"。

跳绳也叫作跳百索，是明清时期儿童喜爱的体育游戏之一。其法以"二童子引索略地如白光轮，一童子跳光中，日跳百索"。这在《宛署杂记》中有载："儿以一绳长丈许，两儿对牵，飞摆不定，令难凝视，似乎百索，其实一也。群儿乘其动时，轮跳其上，以能过者为胜，否则为索所绊，听掌绳者绳击为罚。"跳绳不受场地大小的限制，人多人少均可进行，所以在当时颇为流行。

摸瞎鱼也叫摸虾儿，和儿童游戏中的捉迷藏相似，是明代常见的儿童体育游戏。"群儿牵绳为圆城，空其中方丈。城中轮着二儿，各用帕，厚蒙其目，如瞎状。一儿手执木鱼，时敲一声，旋易其地以误之。一儿候声往摸，以巧遇夺鱼为胜。则拳击执鱼儿，出之城外，而代之执鱼轮之，一儿摸之"。轻巧灵变，技巧性、趣味性强，表现了儿童体育的特点。

除此之外，放风筝也是明清时期特有的儿童体育活动。风筝即纸鸢，也叫作风鸢，"缚竹为骨，以纸糊之"，制作成为形式多样的飞禽走兽，属于难得的趣味艺术品。这在中国古代早已产生，明清时期，在儿童中颇为盛行，"儿童放之空中，最能醒目"，对健康十分有益，《续博物志》说，放风筝"引丝而上，令小儿张口仰视，可以泄内热"，是具有一定医学依据的。

风车是放风筝最相似的游戏。据《日下旧闻考》记载："风车则剖秫秸二寸，错互贴方纸两其端，纸各红绿，中孔，以细竹横安秫竿上，迎风张而疾趋，则转如轮，红绿浑浑如晕，日风车。"这项活动在明清儿童中也非常流行。

明清时期色彩缤纷、种类繁多的儿童体育游戏，是中国古代体育习俗的重要组成部分。它们在中国古代体育史上曾大放异彩，对后世乃至现今的儿童体育活动也起了积极的影响，有些项目如踢毽子、跳绳、鞭陀螺等在许多地方至今非常盛行，从某些方面反映出中国古代体育习俗的生命力持久旺盛、历久不衰的特点。

丰富多彩的民间杂戏

作为和体育尚未严格分野的古代杂技活动，在两汉、唐宋时期虽也很繁盛，但以宫廷娱乐为多。随着时代的脚步，民间节日、庆典日益增多，城市经济愈益繁荣，民间杂技活动在明清时期也逐渐流行开来，丰富了人们的精神文化生活，成为当时体育习俗的内容之一。

明代的民间杂戏比较活跃，每逢节日、集市、庙会，都有杂戏表演活动。据张岱《陶庵梦忆·目连戏》记载，有些地方每年有演"目连戏"的习俗，戏中就有"度索舞絚、翻桌翻梯、筋斗、蜻蜓、蹬坛蹬臼、跳索跳圈、窜火窜剑"等杂技内容。在上元节和清明节，均有杂戏表演，如《帝京景物略》记载，每岁清明，都人踏青高梁桥，时有弹弓表演。表演者技法极高，也很惊险："两人相弹，丸适中，遇而碎"，或"置丸童顶，弹之碎矣，童不知也"。北京西直门外高梁桥，每于端午也有各种杂戏。由于民间杂戏的繁盛，使得宫廷杂戏相形见绌，故不时从民间征召艺人入宫表演。如明武宗正德三

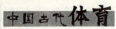
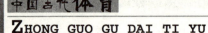

古代翻桌翻梯杂技

年，就曾令各省"选有精通乐艺者，送京师供应。自是筋斗、百戏之类，盛于禁掖矣"（《续通典》）。

清代，民间杂戏更加活跃，除上述形式及内容外，还有不设舞台、边走边演的"走会"或"武会"，其中以武术技巧节目居多，如钢叉、五虎棍、少林棍、白蜡杆、舞狮、弄幡等等，而旱船、高跷、腰鼓、秧歌之类，更是举不胜举，反映出明清时期民间体育习俗的多样化趋势。也正是在此基础上，民间杂戏的日益细密的分化（专业化），才导致了这些项目在近现代和体育活动内容的分化，成为独立的文艺、娱乐体系。

第六章

清晚期体育发展与中西方体育交汇

中国是世界上著名的文明古国,也是体育古国。在 1840 年鸦片战争以前,以武术、气功和其他民间体育活动为代表的中华民族传统体育,早已在大众中扎根、开花、结果。随着近代西方体育的渐次传入,中国盛行了几千年的古代传统体育开始与外来体育并行且逐渐融合。在这种基础之上,中国的体育开始形成了自己独立的科学体系,并且日益成为世界体育不可分割的一部分。

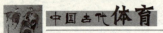

第一节
古代体育的组织形式与管理

古代体育管理

中国古代体育活动不仅源远流长，而且有着极为丰富的内容和多种多样的形式。自它开始出现在人类的活动中，就作为一种传统的文化现象，在社会的各个阶层及各民族中得到了逐步的发展。同时，随着这一文化形式的繁荣和演变，与此相应地也出现了一系列的组织形式和管理机构，并成为大众体育活动的主要内容。

最初的体育活动形式，是与人类的生产劳动紧密相连的，可以说是人们在劳动之后为满足身心需求的一种本能反应，进行体育活动所需用的器械也仅仅是简单的劳动工具。进入阶级社会后，频繁的战争、文字和学校的产生，宗法制度的形成等社会变革，推动了体育的发展。原始社会中那种融多种功能于一体的体育，开始分化为军队的身体、技能训练，学校教育和民间游戏，以及卫生保健等不同形式。这样，最初的体育组织形式和管理就开始出现了。

随着封建制度的形成和发展，奴隶制时代"为政尚武"的学校教育被独尊儒术的学校教育所取代，军事体育突破了统治阶层的垄断，

原始社会时期图案

在农村得到推广。技击技术的飞快发展，对身体、心理训练都提出了新的要求。某些类别的体育活动已初步自成体系，且独具特色。与此同时，出现了较多专用于体育娱乐的场地设备，古代体育已开始走向体系化、正规化。

隋唐五代时期，体育活动更为多样化，大凡以前沿袭下来的各项运动都已初步定型，技术方法及理论的探讨，均有脉络可寻。体育活动的进一步普及和体育文化交流的空前发展，促使统治者加强了对体育活动的组织、管理，使体育运动成了人们生活中不可缺少的一个组成部分。

从北宋到清末，是中国古代体育演进的重要时期。随着封建经济的发展，适应市民需要的娱乐性体育活动得到了较快的发展，城市里出现了专业化的体育团体，一些俱乐部式的体育组织大批涌现。有关体育的各种著述也因印刷术的长足进步而大量付梓。相当一部分的消闲娱乐体育活动，朝着表演化、舞台化方向发展，被新兴的戏剧艺术所吸收。不少传统体育活动依附于民俗习惯得以沿袭。尤其是明清时期，由于市民体育的兴盛，各项体育活动的技术技巧在原有基础上有明显的提高，组织、管理及规则方法也较前代详尽。可以说，这既是民间体育空前活跃的时期，又是古代体育大总结的时期。

古代体育的活动场地与器材

古代早期的体育，作为一种社会的文化活动，是随着社会生产的发展、社会生活的变化，并伴随着早期的科学、艺术、教育、宗教等活动而出现的。中国史前时代的体育活动，尤其是竞技性的运动形式，是与生产、军事、宗教等方面的活动交织在一起的，因而有关的场地器材也多为混同使用。像史前人使用的砍砸器、刮削器、弹射器、投掷器等这些生产生活用具，当人们进行有意识的锻炼身体的某些活动时，这些生产生活用具，同时也就成为他们最初的活动器材。原始社会后期，随着人类社会生活的进步，少量的专用器材逐渐出现了。如相传的"击壤"活动就有了专用的"壤"。《艺经》记载说："壤以木为之，前广后锐，长尺四，阔三寸，其形如履。将戏，先侧一壤于地，遥于三四十步，以手中壤敲之，中者为上。"这种壤的形状如鞋子，前宽后窄，长一尺四，宽三寸，是一种"击壤"活动中专用的器材。

我国商、周时代，出现了许多青铜武器，其中包括戈、戟、矛、钺、剑、殳、斧等等。这些青铜武器的出现，为古代武艺的发展提供了条件。有的既是军队作战的武器，同时又是体育活动的器械，甚至有些武器后来就演化为纯体育器材。青铜兵器大量出现的时期，战争中以车战为主，因而战车和各种兵器的使用越来越受到重视，以至当时出现了用战车和各种兵器以及弓箭进行比赛的盛况。《史记·孙子吴起列传》中记载的齐王赛马车就是一个典型事例：当时齐国的王公贵族们常以赛马车赌钱。一次，孙膑在田忌赛马车之前告诉他一种战术，田忌如法炮制，终于以二比一取胜对方。这说明马匹战车被大量用于作战的同时，也成为体育活动的重要器械。当时，各诸侯国为鼓励人们习武，还颁布了一系列尚武的法令，如魏国李悝，做上地之守后，为激励民众习射，曾制定《习射令》，要求人们练习射箭，如有诉讼打官司的，一律依射艺来判定。这样，人人皆积极练习射箭，日夜不休。越来越多的人习车艺、练武艺，使马匹战车、弓箭等成了比赛用的重要器具。

鼎，是一种金属铸成的器皿，最早是用于烹煮牲畜，以供祭祀，后来也成为比试力量用的器械。《史记·秦本纪》说秦武王和大臣孟悦在进行鼎比赛时受伤，致使膑骨骨折，反映了竞争的激烈程度。以后，"举鼎"还成了测试军士力量的一个主要项目。不过，这时的体育活动器械，还是以人们的日常生活用品为主，专门的体育器材还较少见到。

商周时期的体育活动场地一般没有专用的，多数是就地利用，如城郊的旷野在教阅军队或举行体育活动时便成为赛马、射箭用的场地。绘于山东曲阜孔庙的《孔子观射图》，反映的就是孔子在旷野观看学生进行射箭比赛的情况。

秦汉以后，古代体育的活动场地、器材有了一定的发展，专用的器材也逐渐多了起来。如汉代蹴鞠所用之鞠，是用皮革包裹禽兽毛羽之类而缝制成的实心球体。棋类当中的弹棋、围棋、六博以及投壶所用之壶，都有了专门的制作技术。盛行于南方水域地区的传统体育活动龙舟竞渡所用龙舟，最初也只是一般的水上交通工具木舟，至汉代，出现了专门用于竞渡的龙首装饰的龙舟。这种形制的龙舟，直到现在的龙舟竞渡活动中还在大量使用。

据《汉书·戚夫人传》记载，西汉刘邦曾在宫苑内建造了供蹴鞠比赛用的"鞠域"，即古代足球场，这种鞠域呈东西走向，正面设有供皇帝观看足球比赛用的大看台。四周有围墙，称之为鞠城。鞠城两端，分别有月状的"球门"，称之为鞠室。这是宫内鞠场。另有一种是野外鞠场，一般没有"鞠城"，在鞠场两端"穿地作鞠室"，即分别挖有圆坑，作为鞠室。这种鞠场在当时应用得非常普遍，如汉初名将霍去病，在行军打仗之余，就曾在营地建造鞠场，并亲自下场参加比赛。

除了蹴鞠，盛行于汉代的马球活动也有专门的球场。唐代诗人蔡孚曾在《打球篇》中提到过被董卓烧毁的东汉洛阳"德阳宫北苑东头"的马球场，说明当时的马球场规模是相当大的，以至连唐人都知道得相当清楚。

角抵，是汉代非常盛行的一种体育项目。除了一般平民百姓，军队中也将其作为一类重要的竞技项目。当时，角抵的表演或比赛已有了专门的类似后来"擂台"的角抵台。如1979年湖北江陵凤凰山秦墓出土的木篦上所绘角抵图，就是以饰有帷幕的角抵台做背景的，反映出比赛的场地已经很正规了。

隋唐时期，在体育器材和场地的完善上有了很大进步。武艺中的器械种类有了许多改进。据《唐六典》所记，仅弓就有"长弓、角弓"等4种；弩有擘张弩、角弓弩等7种；箭也有竹箭、木箭等4种；而刀则有4种。种类繁多的武艺器械的出现必然为武人们所重视，并成为其钻研的课题。这一时期，体育器材的一项重大改进就是球的构造由实心球改良为充气球，有了球壳和球胆，其形制与近代的皮球已很相近了。

体育活动场地的修筑也越来越多，唐代的宫城及禁苑里，多半筑有打球的场地。西安唐大明宫出土的刻有"含光殿及球场"字样的石碑，表明在修建宫殿的同时亦修建了球场。当时的球场建筑是很讲究的，多是三面用矮墙围绕着，一面是殿、亭、楼、台之类，是供观赏之所。有的还在马球场上洒油，以免尘土飞扬。

体育器械的制造至宋代达到高峰。随着城市手工业、商业的繁荣，经济得到了进一步发展。在北宋都城汴梁有纵横交错的街道，街道两旁店铺林立，其中就有专门出售球杖、弹弓等体育器械的店铺，这些器械做工都很考究。这时还出现了一些专业体育书籍，如《丸经》《角力记》等。在这些著作中，对当时流行的许多体育活动所用器械的形状、大小、规格和制作材料等均做了详尽的介绍，反映出体育器械的使用、制作已基本正规化。

宋代的竞赛场地也呈多样化，如蹴鞠，既有设球门的场地，也有不设球门的场地，使这一活动更好普及。宋太宗赵光义曾于太平兴国元年（976年）下令开凿"金明池"，引金河水注满，作为水上竞赛和演练水军的地方。当时出现的"水秋千"跳水活动，所采用的方式就是在尾部设有秋千的大型画舫上，让表演者荡秋千与支架齐高后，翻筋斗入水，同时也可划船"争水锦标"。在民间的摔跤活动中，还出现了比赛用的台子，即"露台争交"，北宋都城内的护国寺有一处南高峰露台，就是其中之一，当时每年都要在这里举行大规模的摔跤比赛。

夏、辽、金、元时期的北方少数民族，为了开展本民族的传统体育活动如骑射、马球、摔跤等，也修建了不少专门的场地和制作了一些运动器材。如辽、金、元统治者，在举行"拜天"典礼时，都要进行击球比赛。为此，专门修建有周围遍竖彩旗的球场。金人还制作了射礼用的木兔靶子。其所制作的马球用球，"状如小拳，以轻韧木枵其中而朱之"，球杖"长数尺，其端如偃月"。这些和今日国际上所通用的球、杖相一致。

明清时期，是古代体育的大总结时期，体育活动的器材、场地多已定型。如武术器械已基本上具备了现代武术器械的类型和形式。清代满人的传统项目冰嬉所用的冰鞋与今日已无大差别，同时还出现了新的种类，如皮制冰球和猎皮冰鞋等等。可以说，这些定型时期的体育器材和场地形制为现代体育在中国的迅速普及提供了条件。

古代体育团体组织的出现与管理

中国古代体育活动，在其初期是作为人类的一种自发的活动形式出现的。商周时期，即出现了有规模、有一定程序的"射礼"，这样的正式射箭比赛活动，也是人们在礼仪的规范下所进行的一种自发的活动形式。中国古代体育活动团体组织的出现，大约在隋唐时期，最初先是由官府组织并管理。唐代的"月灯阁球会"，是主考部门为新榜进士举行的庆祝活动仪式。一般于放榜之后的两三日，在月灯阁（今陕西西安大雁塔以东）举办马球赛会，用球赛方式庆祝进士及第。这种活动每年按例举行，可以说是官府组织的体育团体的最初形式。另外每年的寒食节，少府监下属的中尚署还例行组织"献球"活动，其内容包括有组织地表演蹴鞠、击鞠、步打球等，这也是当时官办团体组织的一种。

据《隋书·礼仪志七》的记载，早在东魏北齐时，皇宫卫士中就有"角抵队"的建制，但均是不固定的。到了唐代，出现了专供表演的"相扑朋"组织。晚唐角抵能手蒙万赢就是在唐懿宗咸通年间（860—874年）选入相扑

唐人击鞠图

朋的。凡是进入相扑朋的，均是从事角抵的专业人员，说明唐代已有了专门管辖"相扑人"的组织机构。

宋代官办的体育组织有着更大的规模。其中相扑的"内等子"是御前忠佐军头引见司管辖的官方专业相扑手；而教坊司管辖的"筑球军"，则是官方的职业足球组织。基本上每项活动形式都有一定的组织团体，这也是统治者从其本身享乐的需要出发而组织的。两宋，特别是南宋时期，一度出现了较长时期的偏安局面，城镇手工业和商业的发展促进了都城临安的繁荣，相关的武艺和游戏等体育团体也在民间应运而生。据《武林旧事》等书籍记载，包括娱乐性表演团体在内，"有数社不下百人"，可见其规模之大。在这些团体组织中，由踢球艺人组织的叫齐云社，或称圆社。参加圆社的人不只是表演艺人，爱好踢球的子弟也可参加。凡是参加圆社的子弟，都要经过拜师手续，花费一些钱财。拜师和赠礼正是为了保护足球艺人本身的利益。而这种组织同时对宋代足球技术的发展和足球资料的传播，起了一定的作用。

第二节
近代西方体育对中国体育的影响

    在清末,中国古代传统体育与西方传来的"外来体育"并行发展并逐渐融合,这是中国近代体育史和许多外国近代体育史不同的特色之一。近代西方体育传入中国,大约始于 19 世纪 60 年代,也就是"洋务运动"前后。首先传入的是体操(最早是兵式体操和普通体操),然后是田径、球类、游泳等运动项目及其竞赛。

    西方体育所以能传入有深厚传统文化积淀而又长期闭关自守的中国,最终扎下了根,至今为人们喜闻乐见,这有着错综复杂的外因和内因。

现代的田径运动

外因，是帝国主义要进行文化侵略。

内因，从鸦片战争以来，各阶层、派别的先进人物，欲寻找救国良方，都开始"向西方学习"。从禁烟派的"师夷之长技以制夷"，到洋务派的"中体西用"，维新派的变法，以及资产阶级民主派的革命，始终有一条向西方学习的轨迹。他们首先看到了西方体育的军事价值，欣赏"军国民教育"有利于"强兵"，因而迫不及待地首先引进了西方的兵操体育。

当然，这也确因西方体育在其科学性、娱乐性和管理制度等方面有其先进性。

洋务运动与西方体育的传入中国

在第二次鸦片战争之后，以镇压太平天国革命为契机，清朝统治集团内部产生了"洋务派"。其代表人物是奕訢、曾国藩、李鸿章、左宗棠、张之洞等人。他们提出"求富求强"和"中学（封建专制学说）为体，西学（西方的物理、天文、算术等学问）为用"的口号，在帝国主义扶植下，除购买外国洋枪火炮、轮船铁舰以镇压太平军之外，还兴办了一些军用和民用企业，训练新式军队，设立军事学堂等新式学校，选派留学生出国等。这些就是所谓的"洋务运动"。它有镇压农民起义的反动一面，也有对外抵抗侵略的一面。

当然，洋务派妄想在不变更封建统治根本体系的前提下，依靠外国洋枪大炮和科学技术来"求富求强"是根本办不到的，它必然要遭到帝国主义和封建顽固派的阻挠和扼杀。洋务运动搞了几十年，最后以失败告终。

洋务运动，最早接触并引进了西方体育，主要表现在：

（1）1872年清政府派第一批留学生（均为幼童）赴美国，每年30人，共120人。他们回国后带来了英美的体育运动，如詹天佑等带回了美国的棒球。

（2）编练新军。引进西方的军操。奕訢曾说："治国之道，在乎自强，而审时度势，则自强以练兵为要。"（《筹办夷务始末》）因而，大约从1862年，洋务派开始编练新军，如"湘军""淮军"和张之洞在湖北练的"自强新军"等。废弃了传统的以骑射、弓刀石技勇为主的制度，改练洋枪、洋炮、洋操，请洋人做"教习"。据有关记载：

①沙俄于 1861—1862 年曾分批赠送清廷洋枪 1 万支、大炮若干，并派教练，武装清廷的禁卫军（包括"神机营"和"天津洋枪队"）。

②"近年江苏用兵，雇觅英法洋弁，教练兵勇。"苏松太道吴煦"因各营兵勇施放洋枪，未能娴熟，遴选壮丁，设局淞江，练放洋枪洋炮，即派华尔前往教习，并演西洋各项阵势。"（《筹办夷务始末》，同治朝）

这第二条是为了对付太平军的。华尔就是组织"洋枪队"（后改名"常胜军"）来镇在太平军的。在这些训练中，就有西洋兵操的内容。

③1876 年，李鸿章选送下级军官卞长胜等 7 人赴德国学习陆军，1879 年回国后以德国兵操教练李鸿章的新军。

④1885 年，李鸿章在天津办武备学堂，聘请德国人李宝教习德国兵操。

据史料载，大约在 1894 年中日"甲午战争"前，清廷编练新军所用西洋兵操，是英美兵操和德国兵操杂用的。甲午战败，引起对新崛起的日本帝国主义的注意，基本上就以学习德国兵操为主了。如 1896 年聂士成在淮军练马兵队 30 营，同年和次年张之洞在湖北练"自强新军"都是"仿德国营制操法"。张之洞还命令各地驻军每次派十分之一到省里轮训，学习德国操，并请德国人来春石泰当教练和统军。

淮系军阀官僚胡燏棻在天津练"定武军"，以德国人汉纳根为教练。1895 年冬，袁世凯在此基础上"小站练兵"，以德国人伯罗恩、祈开芬、曼德为教练。"该军仅 7 千人，勇丁身量一律 4 尺以上，整肃精壮，专练德国军操。马队营，各按方辨色，较之淮军各营，壁垒一新"（《梦蕉亭杂记》）。这就是后来北洋军阀的班底。

到 19 世纪末，西洋兵操有在清军中逐渐推广之势。1898 年，清廷户部与兵部在一封公文中，曾提到"精练陆军，一律改为洋操。"

当时洋务派新军的洋操，主要内容就是单兵教练、队列教练，加少量器械体操。

（3）办军事学堂。洋务派在此时，也办了不少军事学堂，引进了外国的军操。这些学堂主要有：

福建船政学堂（1866 年）、上海机械学堂（1867 年）、天津电报学堂（1879 年）、北洋水师学堂（1880 年）、天津武备学堂（1885 年）、广东陆师学堂（1856 年）、广东水师学堂（1887 年）、南洋水师学堂（1890 年）、湖北武备学堂（1895 年）等。

据《清续文献通考》记载，当时北洋水师学堂的课程是："学生入堂，授以英国语言，翻译文法……推步、测量、驾驶等学。虑其或失文弱，授之枪，俾习步伐；树之桅，俾习升降……"另据人回忆，后期北洋水师学堂体育课程内容有击剑、刺棍、木棒、拳击、哑铃、竞走、三足竞走、羹匙托物竞走、跳远、跳高、跳栏、足球、爬桅、游泳、平台、木马、单杠、双杠、爬山运动等。当时一班上课 30 人左右。

这样，西方近代体育就开始传入了中国。最先传入的是兵式体操和普通体操，最先接受的是洋务派新军。但是，当时学习西方体操的主要目的是为练兵，对"体育"则从概念到目的、内容、方法等尚无基本的了解。

戊戌维新与西方体育的进一步引进

随着中国出现了近代工业和向西方学习，19 世纪 70 年代，一部分地主阶级知识分子和官员开始向资产阶级转化，产生了资产阶级改良主义思潮，他们对洋务运动持批判态度，主张学习西方的资产阶级变法维新的方法，以挽救清朝封建统治的危亡，发展到后来就形成了 1898 年的戊戌变法运动。最后遭到清廷顽固派的镇压而宣布"改良主义"在中国行不通。但它是趋向改善的一定步骤和阶段，对封建统治和封建思想桎梏进行有了一定的冲击，在历史上有一定进步的意义。

改良主义者也主张积极引进西方近代体育。如依附于洋务运动的早期改良主义思想家，在戊戌变法前已提出了废除武科举，学习西洋兵操等主张。如：

"学西法，选材于武备学堂。"（郑观应，1884 年）

"应停罢大小一切武试，一归于荐举。"

"夷人练兵首重行步，先较定若干丈尺，行步若干，又较定若干分秒，行步若干，千人一律，行军时两胯齐举，其间虽流矢洞穿，无碍阵法之整，实胜于我……"（冯桂芬《校邠庐抗议》），这实际就是兵操。

"陆营水师之练兵，一以西法为方针，务使其心志定、步伐齐、队伍肃，若常临大敌而用也……"（王韬《瞍园文录外篇》）

戊戌变法中一些主要代表人物的体育思想和实践如下：

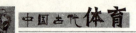

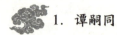 **1. 谭嗣同**

变法失败后被杀的"戊戌六君子"之一。他激烈批判宋、明儒学和"三纲五常"，并有反清思想，是改良主义者中带有革命气息的激进人物。

在体育上，他自称"嗣同弱娴技击，身手尚便，长弄弧矢，尤乐驰骋"。（《谭嗣同全集》第431页）他还和人共同组织"延年会"练习体操。（"每日6点半钟起，练习体操1次。"）也有人说延年会并非体育组织。

他"好任侠、善击剑……弱冠从军新疆，亦好谈中国古兵法，所著书有……《剑经衍葛》1卷。"（梁启超《谭嗣同传》）

他因学刀剑而与京师"大侠"大刀王五为师友，因而临刑前在狱中留有"我自横刀向天笑，去留肝胆两昆仑"的诗句。

其代表作为《仁学》，内含一些近代科学和体育思想与知识。如他主"动"，反对主"静"论。主张"君子之学，恒其动也"，"西人以善动而霸五洲，驯至文士亦尚体操，妇女亦侈游历，此其崛兴为何如也，顾哀中国之亡于静"。他认为"唯静故惰，惰则愚"，"主静者惰归之暮气，鬼道也"，"主静是愚黔首之惨术"。他批判理学"存天理、灭人欲"思想，认为"无人欲尚安得天理"。他有了一些生理解剖知识，如认为"心司红血紫血之出纳""剖脑察之，其色灰败，其质脂，其形洼隆不平，如核桃仁"等等。这反映改良派人物已从研究西学中吸收了近代科学知识和体育思想。

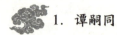 **2. 康有为**

戊戌变法的主将，光绪帝改革的主要参谋和理论策源地。他曾对西方资产阶级的政治、经济、军事、文化教育等有一定研究，给光绪帝写了不少关于变法的奏折。其中，与体育有关的是：

他也主张"动"而反对"静"。主张"使血脉通畅，气体自强。参照俄、日经验主张尚武"（"若夫当列国争强之世，尤重尚武"）。要改变中国"儒缓之俗"。他要求光绪"断发易服，与民更始"，并且反对妇女缠足，认为不仅危害健康且"绝涧莫踰，高峰难上""赢弱流传，何以为兵乎"（以上见康有为《戊戌奏稿》）。他也主张"停止弓刀步石之武试"，认为应用德国军操来练兵。要改良教育，废除封建科举而兴办西式学堂。

他在代表作《大同书》中，曾提出"重视体操，以行气血而强筋骨"。其中所设想的"小学院""中学院"和"大学院"里，都强调"注重卫生""体育设备及环境布置"。"儿童阶段特别注意保健、游戏、唱歌、舞蹈及美化环境"，认为此时应把体育放在第一位，"大概是时专以养体为主，而开智次之，令功课稍少，而游戏较多，以动荡其血气，发扬其身体。"因此，他设想的"小学院"，"体操场、游步场无不广大适宜，秋千、跳木、沿竿无不具备，花木水草无不茂美"。"中学院""大学院"亦应修建"体操场、游步园、操舟渚"等。

康有为

1891—1894 年，他在广州长兴里开办"万木草堂"时，曾要求学生"每间一日有体操，每年假时从事游历"。他认为："古者乐舞，俯仰屈伸，即今之体操也，故创行乐舞。"为此他在这所学堂提倡进行全面发展教育，主张把习礼、音乐和体育结合，特设学生干部"干城学长"主管督率体操。

这些思想和实践在当时虽有空想成分，但能最早从全面教育观点来论述体育，有科学依据和进步意义。

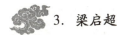

3. 梁启超

梁启超是康有为的学生和得力助手，另一维新主将。

他提出"德育、智育、体育三者，为教育上缺一不可之物"。他也主张尚武（有专著《中国之武士道》），提倡"耻文弱"精神。他非常推崇斯巴达人的军国民教育及锻炼躯体的方法。反对中国的缠足和早婚陋俗。根据"西洋学校之教学……必习体操，强其筋骨，而使人人可为兵也"的主张，在他所设想的"8—12 岁儿童教学程序表"中，安排有"下午一时集合，习体操。略依儿童健身之法，一月或两月教完一课，操毕，让儿童玩耍，不禁止"。在1897 年任湖南时务学堂总教习时，所设课程有"摄生"（类似体育卫生课），他要求学生"起居饮食皆有定时，勿使过劳，并行体操锻炼"，但同时也要求学生"每日花一小时或半小时静坐养心"。

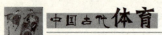
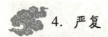

4. 严复

严复早年留学英国学海军，回国后任天津北洋水师学堂总教习，是最早系统介绍西方社会政治学说到中国来的启蒙思想家。代表作有《救亡决论》《原强》等书。

他是维新派主将中唯一的留学生，有亲自观察和体验西方学术与体育的机会。在其著作与译著中强烈反映西方的"富国强兵"与体育思想。他批判洋务派的中体西用主张是把马蹄子装在牛肚子下面，"从而责千里焉，固不可得，而田垄之功又已废也"。

在体育上，他也主张运动强身。"君子小人，劳心劳力之事，均非气体强健者不为功"。认为西欧各强国，还"以人种日下为忧，操练形骸不遗余力，饮食养生之事，医学所详，日以精审"，因而特别反对中国损害健康的两件大陋俗——男子吸鸦片，女子缠足（以上见《原强》）。严复批判宋代以来"重文轻武""变质尚文"的主张，认为中国体育衰落的原因之一是古人多亲自参加而今人多做看客。

他从全面教育角度论述体育是强兵之本、富国之基，因而提出"以今日要政统于三端，一曰鼓民力，二曰开民智，三曰新民德"。

总之，资产阶级改良派是中国近代第一批启蒙思想家，他们冲破封建礼教和理学樊篱，首次介绍西方全面发展教育学说进入中国，也首次把从全面教育角度论述体育的思想介绍到中国，并有了初步实践，比洋务派前进了一大步。维新运动虽然失败了，但他们唤起了人们的新觉醒，其提倡富国强兵、废科举兴学堂、耻文弱等思想和政策措施对后来影响甚大，为后来的"清末新政"开拓了道路。"百日维新"时期成立的"京师大学堂"就已把体操列入了教学课程。

"清末新政" 与近代学校体育的变化

1900 年八国联军的入侵，使中国再一次面临被瓜分的危机。以慈禧为首的清廷顽固派镇压了戊戌变法，又勾结帝国主义镇压了义和团运动。引起了国内外、各阶层普遍的不满，人民无比愤怒，推翻满清的呼声日高。在此形势下，为了缓和阶级矛盾、维系反动统治，清王朝也不得不打出"改革"的旗号，于 1901 年宣布实行所谓"新政"。主要内容有编练新军、淘汰绿营；废科举兴学堂；选派留学生出国；预备立宪等等。这就是中国近代史上所谓的清末"新攻"。

清末"新政"虽是清廷顽固派被迫实施的，部分带有欺骗性（如预备立宪时间太长），但毕竟把戊戌新政的基本内容大致上都实施了，而且成

清朝京师大学堂

效较显著，客观上反映了新兴资产阶级的某些利益和要求，使中国在民族经济、文化、军事等方面有了明显的发展，这也是中国人民长期英勇斗争的结果。

这场清末"新政"与教育和体育关系最密切的是：

1902 年，正式颁行《钦定学堂章程》，在全国分级设立大学堂、中学堂、小学堂和蒙养学堂。

1903 年，设立管理全国学务大臣。同年颁布张之洞、张百熙、荣夫等人的《奏定学堂章程》。在其《学务纲要》中规定：公立"各学堂一体练习兵式体操，以肆武事"。

1904 年，"奉旨设立学部"（相当教育部）。

1905 年 8 月，正式宣布"所有会试一律停止，各省岁科考试立即停止"（《光绪政要第 27 册，卷 31》）。从此流传久远、弊病丛生的时建科举制度就正式成了历史的陈迹。

1906 年，清政府"学部"在《奏请宣示教育宗旨折》中，特别推荐日本小学校……休息之时，任意嬉戏，所以养成活泼之性也，口号一呼，行列立定，出入教室，肃若军容，所以养其守法之容也。"师范学校"为规制最肃、约束最严之地，而掷球角力习为常课，运动竞赛，特设大会。"为此向皇帝建议：在学堂设体操课"，幼稚时以游戏体育发育其身体，稍长者以兵士体操严整其纪律。"因而提出当时的教育宗旨应为"忠君、尊孔、尚公、尚武、尚实。这一宗旨立即得到清王朝批准颁行全国。

1906 年后，各省设"提学使司"，府州县设"劝学所"，各级主管教育的行政机构陆续设立。

早期体育师资的培养

《奏定学堂章程》颁布后，学堂和学生人数迅猛发展。如小学生人数1903年22866人，1909年已达140余万人，到1912年全国已有各级学堂8万余所（见《第一次中国教育年鉴》）。大量新学堂"体操科"的开设，造成教师奇缺，加上滥竽充数的教师，引起了各方面的不满。因此1906年，清廷学部通令各省，于省城师范"附设五个月毕业之体操专修科"，名额百人，以养成小学体操教习。在此前后，一批赴日本学体育的留学生陆续回国，也在各地创办了一些体操学校或体操专修科。如：

（1）江苏优级师范学堂（在苏州）体操科，1903年创办，是中国近代史上第一个体育专科学校（科主任为日本人高田仪太郎）。修业一年，前后毕业两届学生，共60人。课程有连续体操，即旧式德国体操，包括哑铃、球竿、木环、棍棒、豆囊等，各个体操（旧式瑞典体操）、兵式操、器械操、田径、游戏、舞蹈等。主要培养江苏省所需之中小学体操师资。

（2）大通师范学堂体操专修科，为日本留学生、革命志士、光复会会员徐锡麟、陶成章所办，创办于1905年。

（3）江苏两级师范体操专修科（1906年）、四川体育专门学堂（1906年）、云南体操专修科（1906年）、四川王氏树人学堂体操科（1907年）、河南体操专科学堂（1907年）、奉天师范学堂体操科（1907年）、重庆体育学堂（1908年）、中国体操学校（1908年）、中国女子体操学校（1908年）等等，这些学堂的教学内容，大多抄袭日本大森体育学校（该校是一所速成体育师资学校，中国体育留学生多在此学习）。课程有体育学、教育学、解剖学、生理学、音乐、普通体操（徒手、器械）、兵式体操、竞技游戏、舞蹈等。其中比较突出的是中国体操学校和中国女子体操学校。中国体操学校的创办人徐敷霖，是日本体操学校第三届毕业生，1904年在上海办校，后由徐一冰接办。

徐一冰，原名徐益彬，浙江吴兴人，日本大森体育学校毕业生。1905年加入同盟会，是中国近代体育史上著名的早期体育教育家。毁家兴学，全力办好中国体操学校，曾被北洋政府赠以"教思无穷"的匾额，并授以勋章。

中国体操学校是清末民初开办时间最长的一所体育专科学校。学生生活军事化，管理严格，校风甚佳。至1927年停办为止，共毕业学生36届，1531

人，在早期培养体育师资方面做出较大贡献。后来的上海东亚体专创办人傅球、庞醒跃，中国女子体育师范创办人华豪吾，上海中华武术会创办人吴志青，上海两江女体校创办人陆礼华，苏州中山体专创办人朱重明，成烈体专创办人柳成烈等人均为该校毕业生。中国女子体操学校创办人是徐敷霖之妻汤剑娥（她毕业于日本体育会体操学校女子部）。该校后改称中国女子体育师范学校，到1937年停办，共毕业学生45届，1751人，是中国最早的女子体育学校。

我国清代创办的这些培养体育师资机构，对近代体育的实施做出了一定贡献。但除少数几所外，大都开办年限不长，培养师资有限，加上是速成性质，质量也差，根本不能满足实际需要。

清末的体育组织与运动竞赛

清末民初，官办学堂处于兵操体育时代，社会体育与竞赛只在基督教系统开展，由外国人操办，因而没什么重要的体育组织出现。一些体育组织常为革命者所创办，具有反清的背景。如：

1903年5月，陈独秀等人在安庆组织"爱国会"下设"体操会"。规定每天练体操2小时，星期天合操，属于练习兵操的业余学校性质。曾推动安庆学堂界向当局要求增设体操课程的"体操学潮"。

1905年徐锡麟等人在绍兴创建"绍兴体育会"，是最早出现的民众体育团体之一。其目的是为革命党培训武装力量。1906年，秋瑾创设绍兴"城北体育会"，寿平格创办绍兴"南区体育会"，取学生20名，请日本军佐教体操，还请开元寺僧人教武术。另外，蔡元培等人也创办了"军国民教育会"等。

清末以开展近代体育竞赛为目的的社会体育组织较少，较著名的要算以开展足球活动为主，1908年成立的香港"南华游乐会"了。该会就是著名的"南华体育会"的前身。

陈独秀

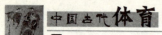
这些竞赛主要由青年会系统人员操办。这一时期较重要的竞赛有：

1. 校际运动会

1898 年，由天津北洋大学总办（校长）王少泉和总教习（教务长）丁嘉立（英国人）倡办的校际运动会，有水师学堂、武备学堂、电报学堂等校参加，这是中国近代体育史上最早的校际运动会。在此基础上，形成了从 1902 年起举办的天津市各校联合运动会。

1903 年，烟台阆滩运动会，由烟台附近数校参赛，运动员仅 50 人。除拔河、夺旗竿、装麻袋、搬山芋、2 人 3 足、算术、退走等游戏性"竞走"项目外，也有部分田径项目，如：（100 码（码 = 0.9144 米）、200 码、跳高、跳远、掷木球）和盘杠子等。

1905 年 6 月，湖南兵备和兵目两学堂举行联合运动会。

1906 年秋，杭州各校联合运动会，有游戏性赛跑项目共 12 项。

1906 年，由湖南高等实业学堂（前身为岳麓书院）主办了长沙校际运动会，有兵式体操、田径和武术等项目。

1907 年，在南京举办了"宁垣学界（又称'江南'）第一次联合运动会"，为当时全国规模最大的校际运动会，计有 80 余校参加，69 个项目大多属表演项目，大致可分 5 类：

（1）各种游戏"竞走"。

（2）田径项目：持送铁弹（推铁球）、跳高、持竿跳高等。

（3）瑞典体操。

（4）军体项目：击剑、刺枪、柔术、赛马等。

（5）游戏："要塞占领""恢复路权""列国争球""陆地行舟""球战"等。反映出受日本早期运动竞赛的影响，从中大体可看出清末学校体育活动的概貌。

2. 省市运动会

此期举办的有：

天津市联合运动会：1902 年起举行。

湖南省运动会：1905—1916 年共举行了 4 次。

四川省运动会：1905年第一届，1908年第二届。

1906年浙江宁波府举行运动会，同年在杭州梅东高桥举办省城联合运动会。

 ### 3. 旧中国第一届全运会

1910年10月18—22日在南京南洋劝业场举行，由上海青年会体育干事爱克斯纳筹备发起，原名叫"全国学校区分队第一次体育同盟会"，辛亥革命后追认为旧中国"第一届全国运动会"，参观者每日达4万余人。

运动员140人，分别代表5个地区：华北20人、上海40人、华南28人、吴宁（苏州、南京）31人、武汉21人。

比赛分田径、足球、网球、篮球4个项目。田径分高等组分区赛、中等组分区赛和全国各校联合赛三种。取前3名（计分5∶3∶1制），总分冠军奖银杯一只，个人奖金、银、铜牌。

比赛结果：足球：冠军华南队、亚军上海队；网球：预赛优秀者潘文炳、林全诚、马约翰、许君等4人（均为圣约翰的学生，当场未决赛）；篮球：上海胜吴宁、京津队胜上海。

这届运动会全由青年会外籍干事操办，术语用英语。比赛项目已由"游戏体操型"转变为田径、球类等项目为主，是旧中国近代体育竞赛的一个重大转折点。

图片授权

全景网

壹图网

中华图片库

林静文化摄影部

敬 启

本书图片的编选，参阅了一些网站和公共图库。由于联系上的困难，我们与部分入选图片的作者未能取得联系，谨致深深的歉意。敬请图片原作者见到本书后，及时与我们联系，以便我们按国家有关规定支付稿酬并赠送样书。

联系邮箱：932389463@qq.com

参考书目

1. 刘宝恒．万物简史：体育卷．北京：北京联合出版公司．2012

2. 崔乐泉．体育史话．北京：社会科学文献出版社．2011

3. 任海．中国古代体育．北京：中国国际广播出版社．2011

4. 丛书编委会．大中国上下五千年——中国历代体育史话．北京：外文出版社．2010

5. 龚飞，梁柱平．中国体育史简编．成都：西南交通大学出版社．2010

6. 刘秉果．中国古代体育简史．北京：中华书局．2010

7. 中华文明史话编委会．中华文明史话：体育史话．北京：中国大百科全书出版社．2008

8. 金汕．当代北京体育史话．北京：当代中国出版社．2008

9. 崔乐泉，杨向东．中国体育思想史（古代卷）．北京：首都师范大学出版社．2008

10. 赵瑜．中国体育三部曲．杭州：浙江文艺出版社．2008

11. 谭华．体育史．北京：高等教育出版社．2005

12. 水一方．迷球时代：中国体育媒介发展史．北京：中央编译出版社．2004

13. 黄伟，卢鹰．中国古代体育习俗．西安：陕西人民出版社．2004

中国传统民俗文化丛书

一、古代人物系列（9 本）
1. 中国古代乞丐
2. 中国古代道士
3. 中国古代名帝
4. 中国古代名将
5. 中国古代名相
6. 中国古代文人
7. 中国古代高僧
8. 中国古代太监
9. 中国古代侠士

二、古代民俗系列（8 本）
1. 中国古代民俗
2. 中国古代玩具
3. 中国古代服饰
4. 中国古代丧葬
5. 中国古代节日
6. 中国古代面具
7. 中国古代祭祀
8. 中国古代剪纸

三、古代收藏系列（16 本）
1. 中国古代金银器
2. 中国古代漆器
3. 中国古代藏书
4. 中国古代石雕
5. 中国古代雕刻
6. 中国古代书法
7. 中国古代木雕
8. 中国古代玉器
9. 中国古代青铜器
10. 中国古代瓷器
11. 中国古代钱币
12. 中国古代酒具
13. 中国古代家具
14. 中国古代陶器
15. 中国古代年画
16. 中国古代砖雕

四、古代建筑系列（12 本）
1. 中国古代建筑
2. 中国古代城墙
3. 中国古代陵墓
4. 中国古代砖瓦
5. 中国古代桥梁
6. 中国古塔
7. 中国古镇
8. 中国古代楼阁
9. 中国古都
10. 中国古代长城
11. 中国古代宫殿
12. 中国古代寺庙

五、古代科学技术系列（14 本）

1. 中国古代科技
2. 中国古代农业
3. 中国古代水利
4. 中国古代医学
5. 中国古代版画
6. 中国古代养殖
7. 中国古代船舶
8. 中国古代兵器
9. 中国古代纺织与印染
10. 中国古代农具
11. 中国古代园艺
12. 中国古代天文历法
13. 中国古代印刷
14. 中国古代地理

六、古代政治经济制度系列（13 本）

1. 中国古代经济
2. 中国古代科举
3. 中国古代邮驿
4. 中国古代赋税
5. 中国古代关隘
6. 中国古代交通
7. 中国古代商号
8. 中国古代官制
9. 中国古代航海
10. 中国古代贸易
11. 中国古代军队
12. 中国古代法律
13. 中国古代战争

七、古代文化系列（17 本）

1. 中国古代婚姻
2. 中国古代武术
3. 中国古代城市
4. 中国古代教育
5. 中国古代家训
6. 中国古代书院
7. 中国古代典籍
8. 中国古代石窟
9. 中国古代战场
10. 中国古代礼仪
11. 中国古村落
12. 中国古代体育
13. 中国古代姓氏
14. 中国古代文房四宝
15. 中国古代饮食
16. 中国古代娱乐
17. 中国古代兵书

八、古代艺术系列（11 本）

1. 中国古代艺术
2. 中国古代戏曲
3. 中国古代绘画
4. 中国古代音乐
5. 中国古代文学
6. 中国古代乐器
7. 中国古代刺绣
8. 中国古代碑刻
9. 中国古代舞蹈
10. 中国古代篆刻
11. 中国古代杂技